CHANTAL-FLEUR SAND

D1390095

ABNEHMEN MIT
SMOOTHIES

Natürlich schlank
mit den Powerdrinks

DIE GU-QUALITÄTSGARANTIE

Wir möchten Ihnen mit den Informationen und Anregungen in diesem Buch das Leben erleichtern und Sie inspirieren, Neues auszuprobieren. Bei jedem unserer Produkte achten wir auf Aktualität und stellen höchste Ansprüche an Inhalt, Optik und Ausstattung.
Alle Informationen werden von unseren Autoren und unserer Fachredaktion sorgfältig ausgewählt und mehrfach geprüft. Deshalb bieten wir Ihnen eine 100%ige Qualitätsgarantie.

Darauf können Sie sich verlassen:
Wir legen Wert darauf, dass unsere Gesundheits- und Lebenshilfebücher ganzheitlichen Rat geben. Wir garantieren, dass:
• alle Übungen und Anleitungen in der Praxis geprüft und
• unsere Autoren echte Experten mit langjähriger Erfahrung sind.

Wir möchten für Sie immer besser werden:
Sollten wir mit diesem Buch Ihre Erwartungen nicht erfüllen, lassen Sie es uns bitte wissen! Nehmen Sie einfach Kontakt zu unserem Leserservice auf. Sie erhalten von uns kostenlos einen Ratgeber zum gleichen oder ähnlichen Thema. Die Kontaktdaten unseres Leserservice finden Sie am Ende dieses Buches.

GRÄFE UND UNZER VERLAG. *Der erste Ratgeberverlag – seit 1722.*

KGS

THEORIE

PRAXIS

SERVICE

CHANTAL–FLEUR SANDJON

ist Ernährungswissenschaftlerin und
Rohkost-Enthusiastin

»Auch die
längste Reise
beginnt mit
dem ersten
Schritt.«
LAOTSE

EIN WORT ZUVOR

Diätfrust war gestern. Mit diesem Buch lernen Sie eine schnelle, einfache und effektive Möglichkeit zum Gewichtsverlust kennen, die darüber hinaus völlig natürlich und abwechslungsreich ist: eine Ernährung reich an grünen und fruchtigen Smoothies. Anders als bei Extrem-Diäten stehen hier das Abnehmen mit Genuss und Ihr dauerhaftes Idealgewicht im Vordergrund. Deshalb gibt es neben Smoothies auch leckere Detox-Gerichte, die Sie gut sättigen und den Körper zugleich entgiften.

Der Clou: Das hier vorgestellte Programm versorgt Ihren Organismus mit besonders vielen Vitalstoffen. Gleichzeitig fallen leere Kalorien und Dickmacher wie weißer Zucker oder Fertiggerichte weg. Statt hungern zu müssen und dadurch Ihren Stoffwechsel gehörig aus dem Gleichgewicht zu bringen, füllen Sie Ihre Nährstoffreserven auf und liefern Ihrem Körper all das, was er benötigt, um zum natürlichen und individuellen Idealgewicht zurückzukehren. So purzeln die Pfunde fast nebenher, Sie entdecken neue pflanzliche Geschmackswelten, und Ihr Körper dankt Ihnen all dies mit mehr Energie und Vitalität.

Die Smoothie-Diät ist insgesamt ein (Neu-)Einstieg in einen gesunden Lebensstil. Die zahlreichen Rezepte und Tipps können Sie auch nach Ihrer eigentlichen Diätzeit begleiten. Denn genau das möchte dieses Buch sein: Ihr Begleiter auf dem Weg zu einem besseren Körpergefühl, zu mehr Wohlbefinden und Lebensfreude.

Ich wünsche Ihnen guten Appetit und viel Erfolg!

GESUND UND SCHLANK MIT SMOOTHIES

MIT SMOOTHIES ABNEHMEN – DAS IST EIN EINFACHER, SANFTER UND GENUSSREICHER WEG ZUM IDEALGEWICHT. BEGEBEN SIE SICH AUF ENTDECKUNGSREISE UND FINDEN SIE EINEN NEUEN, LEICHTEREN, VITALEREN UND FREUDIGEREN LEBENSSTIL.

KLEINER SMOOTHIE – GROSSE WIRKUNG

Gesunde, schnell gemixte Vitaldrinks – ob grün oder bunt – sind in vielen Küchen auf dem Vormarsch. Zu Recht: Die leckeren Trinkmahlzeiten stärken das Immunsystem, sie liefern jede Menge Energie und alle Nährstoffe, die unser Körper braucht. Und: Sie unterstützen optimal beim Abnehmen. Auf den folgenden Seiten lernen Sie mehr über die schöne, bunte Welt von Smoothies und erfahren, warum sie sich in Kombina-tion mit leichten Detox-Gerichten perfekt zum Abnehmen und Entgiften eignen – für ein ganz neues Wohlgefühl.

Farbenfroh und gesund

In den 1960er-Jahren tauchten Smoothies erstmalig in amerikanischen Kochbüchern auf, kalifornische Strandbars hatten sie zu der Zeit bereits erobert. Und so war es nur eine Frage der Zeit, bis die trendigen Drinks auch Deutschland erreichen würden. Heute sind Smoothies ein fester Bestandteil auf dem Speiseplan vieler Menschen – egal, ob sich diese durch die gesundheitlichen Vorteile oder die vielfältigen Geschmackserlebnisse überzeugen ließen. Auch ihre leichte und schnelle Zubereitung im Mixer trägt sicherlich zur anhaltenden Begeisterung für die farbenfrohen Drinks bei.

Die Smoothies, die Sie in diesem Buch kennenlernen werden, bestehen allesamt aus hochwertigen Lebensmitteln. Ihre geschmacksintensiven und nährstoffreichen Zutaten machen Zucker & Co. vollends überflüssig. Durch das Pürieren können die von der Deutschen Gesellschaft für Ernährung (DGE) empfohlenen »Fünf am Tag« – also fünf Portionen Obst und Gemüse – problemlos verzehrt werden. Außerdem hat unser Körper mit den Flüssigmahlzeiten weniger Verdauungsaufwand und kann mehr Nährstoffe direkt nutzen. Davon profitieren Sie – Ihr Immunsystem, Ihre Haut, Ihr Energielevel und Ihre Taille.

Smoothies sind somit Fast Food der gesunden Art. Im Handumdrehen zubereitet und leicht transportierbar, begeistern sie gerade auch aktive Menschen, die bewusst leben und genießen möchten, ohne Stunden in der Küche zu verbringen. Smoothies liefern die wohl einfachste und schmackhafteste Möglichkeit, Gesundheit direkt aus dem Glas zu genießen.

Was einen Smoothie ausmacht

Sowohl Konsistenz als auch Zutaten können bei Smoothies ganz nach Geschmack gewählt werden. Folgen Sie einfach Ihren kulinarischen Vorlieben und Ihren Zielen, zum Beispiel Gewicht zu verlieren oder das Immunsystem zu stärken. Zwei einfache Richtlinien helfen Ihnen dabei, aus jedem Smoothie das Maximum herauszuholen.

1. Good-Bye, Zucker & Sahne

Viele konventionelle Smoothies, die uns in Supermärkten oder von Fast-Food-Ketten angeboten werden, enthalten mehr Futter für unsere Hüften als für unser Wohlbefinden. Zucker oder Sahne sind jedoch nicht notwendig, um einen Smoothie genießbar

INFO

DER BEGRIFF

»Smoothie« kommt vom englischen »smooth« und bezieht sich auf die sanfte, geschmeidige Konsistenz der Getränke. Für sie werden verschiedene flüssige und feste Zutaten wie Früchte, Gemüse, Wasser, Nüsse und Samen in einem Mixer püriert. Anders als beim Entsaften bleiben die sättigenden Ballaststoffe im Getränk.

zu machen. Denn fest steht, dass bei den richtigen Zutaten Süße oder Cremigkeit ganz natürlich entsteht. Also weg mit Zucker und Sahne – es gibt tolle Alternativen, die Sie im Folgenden kennenlernen. Übrigens: Auch kalorienfreie künstliche Süßstoffe gehören nicht in den Smoothie. Immer mehr Studien kennzeichnen sie sogar als Dickmacher statt Diäthelfer.

2. Hallo, gesunde Zutaten

Alles, was in frischen Smoothies verwendet wird, kommt Ihrem Körper zugute. Statt chemischer Inhaltsstoffe wie in vielen Fertigprodukten nehmen Sie hier natürliche Zutaten zu sich, von denen jede viele positive Eigenschaften aufweist. So fördert zum Beispiel Ananas durch bestimmte Enzyme die Verdauung von Eiweiß; Bananen entwässern durch ihren hohen Kaliumgehalt; Spinat liefert eine Fülle an Vitaminen und zellschützenden Antioxidanzien sowie Eisen, Kalzium und pflanzliches Eiweiß – die Liste könnte unendlich fortgeführt werden. Somit ist eine Entscheidung für Smoothies auf dem täglichen Speiseplan oder für das Smoothie-Programm zum Abnehmen auch eine Entscheidung für Gesundheit, Wohlbefinden und Lebensfreude.

Auf Basis dieser zwei Regeln lassen sich die vielfältigsten Smoothies kreieren: allen voran die Fruchtsmoothies, bei denen der Fokus auf frischem Obst liegt und die nicht nur gesund, sondern auch außerordentlich lecker sind. Daneben gibt es wahre Eiweißbomben aus pflanzlichen Zutaten und natürlich die grünen Smoothies.

Spezialdrink grüner Smoothie

Grüne Smoothies enthalten reichlich grünes Blattgemüse, was manche etwas abschreckt. Dabei besitzt das Grünzeug eine unschlagbar hohe Nährstoffdichte ▸ siehe Seite 43, die sich in einem herben bis bitteren Geschmack ausdrückt. Der Vorteil von grünen Smoothies: Durch einen Fruchtanteil von 50 Prozent bleibt nur ein leichter Bittergeschmack übrig. So kann außergewöhnlich viel Grünes in pürierter, roher Form genossen werden. Aufgrund eines geringen Kaloriengehalts, vieler sättigender Ballaststoffe und einem langsamen Anstieg des Blutzuckerspiegels nach dem Verzehr eignen sie sich hervorragend zum Abnehmen. Freunde grüner Smoothies berichten zudem von weniger Heißhunger auf Salziges, Fettiges oder Süßes, mehr Energie sowie von einem lang anhaltenden Sättigungsgefühl. Das macht das Abnehmen zu einem Kinderspiel. Neben Ballaststoffen, vielen Vitaminen und Mineralien, zellschützenden Pflanzenstoffen (Antioxidanzien) sowie einer ordentlichen Portion Eiweiß liefern uns grüne Smoothies übrigens auch reichlich Chlorophyll ▸ siehe Seite 20. Wenn Sie sich erst einmal an die besondere Färbung gewöhnt haben, werden

Ihnen diese Gesundheitscocktails sicherlich schnell ans Herz wachsen – und Ihr Herz wird es Ihnen genauso wie der Rest Ihres Körpers danken.

Abnehmen im Einklang mit Körper & Natur

Das Smoothie-Programm ist keine Hauruck-Extremdiät! Vielmehr handelt es sich um die Entscheidung für einen liebevollen Umgang mit dem eigenen Körper. Es ist die Entscheidung dafür, ihn mit Lebensmitteln statt Junk Food zu nähren und ihn von Lasten zu befreien – wie den überflüssigen Kilos, die Sie loswerden wollen.

Immer mehr Menschen interessiert, von woher ihre Kleidung und ihre Lebensmittel kommen oder unter welchen Bedingungen sie produziert werden, wie viel CO_2 sich durch das Bahn- oder Radfahren einsparen lassen oder was einzelne Stromanbieter für die Umwelt leisten. Geht es jedoch um Gewichtsverlust, wurden uns lange Zeit vor allem Diäten angeboten, die uns und oft auch unserer Umwelt auf die eine oder andere Art schaden. Viele führen zu Übersäuerung, weil sie große Mengen tierisches Eiweiß empfehlen, oder man muss teure Diätprodukte kaufen, die auch noch reichlich Verpackungsmüll verursachen. Und die meisten von ihnen kommen mit einer weiteren höchst unerfreulichen Nebenwirkung daher: dem Jo-Jo-Effekt. Die Kalorien- und Nähr-

stoffdrosselung während der Diät bewirkt, dass die verlorenen Pfunde danach mit vielen weiteren im Schlepptau zurückkommen, siehe dazu auch ab Seite 115.

Das Smoothie-Programm dieses Buches ist anders als andere Diäten:

- Es ist genussreiches Abnehmen im Rahmen eines bewussten Lebensstils.
- Es fördert die Lust auf eine langfristig gesunde Ernährungsweise.
- Statt gegen die Natur arbeiten Sie mit ihr.
- Statt Hungerkur oder Jo-Jo-Effekt bieten Ihnen die Trinkmahlzeiten und Detox-Gerichte reichlich Vitalstoffe.

Außerdem lässt sich das Programm auf Ihre Bedürfnisse abstimmen, beginnen Sie daher am besten mit dem Test ab Seite 36.

Ein herrliches Lebensgefühl: Sich rundum wohl im eigenen Körper fühlen.

Das Rezept für diesen köstlichen Mango-Smoothie finden Sie auf Seite 96.

Smoothies beheben daher eine der Hauptursachen für Heißhungerattacken oder scheinbar nicht enden wollenden Appetit: Bei einseitiger Ernährung oder Diäten versorgen Sie Ihren Körper zwar mit ausreichend oder gar zu vielen Makronährstoffen (Fett, Eiweiß und Kohlenhydrate), liefern ihm aber einfach nicht genügend Mikronährstoffe. Er bleibt somit hungrig, denn sein Bedürfnis nach mehr Vitalstoffen wird nicht befriedigt. Smoothies wirken anders: Sie stillen genau diesen Hunger. Als Bonus ist das Programm, anders als zum Beispiel eine Saftkur, auch reich an Ballaststoffen. Sie verlangsamen den Anstieg des Blutzuckerspiegels und machen so länger satt – Heißhunger adé!

2. Gesunde Gelüste

Der reichhaltige Vitalstoffmix hat eine weitere positive Wirkung: Indem er Ihrem Körper genau das liefert, was er wirklich braucht, wird die Lust auf Ungesundes schnell durch Begeisterung für noch mehr Vitalkost ersetzt. Wo Sie bisher vielleicht oft schwach geworden sind, wissen Sie ab jetzt um köstliche und gesunde Alternativen. Sie kommen quasi automatisch auf den Geschmack von Obst und Gemüse und damit ändert sich auch, worauf Sie Appetit haben. So wird die Smoothie-Zeit zu einer Chance, eine kulinarische Reise durch die Pflanzenwelt der Schlankmacher zu unternehmen, neue Geschmackswelten zu entdecken und dabei mit Genuss abzunehmen.

Gleich vorab: Fünf Argumente für das Smoothie-Programm

Was das Abnehmen auf die hier vorgestellte Weise so leicht und so erfolgreich macht, lässt sich in fünf Punkten zusammenfassen.

1. Vitalstoff- statt Kalorienbomben

Die Mikronährstoffe Vitamine, Mineralien und Spurenelemente wirken als Stoffwechselturbo auf Ihren Körper. Außerdem füllen sie Ihre Vitalstoffreserven auf und geben Ihrem Körper all die Substanzen, die er – gerade beim Abnehmen – wirklich braucht.

3. Natürlich genießen, natürlich abnehmen, natürlich leben

Das Smoothie-Programm ist weit mehr als »nur« eine Diät. Durch den Fokus auf pflanzliche Lebensmittel besitzt es auch eine hohe Entgiftungswirkung, mehr dazu ab Seite 24. Doch damit nicht genug: Die Smoothie-Kur ist auf einen langfristigen Erfolg beim Gewichtsverlust sowie einen mühelosen Übergang zu einem gesunden Lebensstil ausgerichtet. Anstatt – wie sonst oft üblich – nach der Diät alles nachholen zu wollen, was Sie vermieden haben, lernen Sie hier viele Rezepte und Tipps für ein gesundes Leben kennen, die Sie auf Ihrem weiteren Weg begleiten, genau wie die Smoothies.

INFO

MEHR VITALSTOFFE DANK MIXER
Um alle Vitalstoffe aus pflanzlicher Nahrung aufzunehmen, müssten wir bei jeder Mahlzeit äußerst gründlich und ausgiebig kauen, was leider häufig nicht passiert und vor allem beim Essen unter Zeitdruck zu kurz kommt. Der Mixer übernimmt bei Smoothies diese Aufgabe und bricht durch das Pürieren alle Zellwände von Obst und Gemüse auf. So nehmen wir nicht nur mehr Nährstoffe zu uns, sondern können sie auch wirklich nutzen.

4. Auch eine Geschmacksfrage

Um langfristig sein Wunschgewicht zu halten, dürfen Freude und Lust bei der Ernährung nicht fehlen. Wenn das Gefühl entsteht, wir würden beim Abnehmen unseren Genuss erheblich einschränken, kommt es immer zu Heißhungerattacken und Frustfuttern mit dem bekannten Jo-Jo-Effekt. Das Smoothie-Abnehmprogramm bietet statt Verzicht Genießen und reueloses Schlemmen, denn alle ab Seite 77 vorgestellten Smoothies und Detox-Gerichte überzeugen auch geschmacklich auf ganzer Linie. So ist sichergestellt, dass Ihnen Ihre täglichen Smoothies nicht nur guttun, sondern auch gut schmecken!

5. Das Abnehm-Plus: Bewegung

Zu guter Letzt möchte Sie dieser Ratgeber dabei unterstützen, auch außerhalb Ihrer Küche einen vitalen Lebensstil zu festigen oder zu etablieren. Deshalb finden Sie hier einige Tipps rund um das Thema Bewegung sowie Ratschläge, die Ihnen das Abnehmen unabhängig vom reinen Essverhalten erleichtern. Wissenschaftliche Studien belegen, dass Gewichtsverlust dann am erfolgreichsten ist, wenn er auch regelmäßigen Sport beinhaltet – und genau auf Ihren lang anhaltenden Erfolg beim Abnehmen zielt das Smoothie-Programm ab! Suchen Sie sich also eine Bewegungsform, die Ihnen wirklich Spaß macht und die Sie gern regelmäßig ausüben wollen (und auch können).

WUNDERWAFFEN AUS DER NATUR

Smoothies sind ein Geschenk der Natur, denn sie enthalten reichlich Vitalstoffe. Hier erfahren Sie, was genau in ihnen steckt und wie es Ihnen beim Abnehmen hilft.

Vitalstoffe für Ihre Vitalität

Der Begriff »Nährstoff« umfasst eine Reihe sehr unterschiedlicher Substanzen. Sowohl in ihrem Nährwert, als auch in ihrer Bedeu-tung für den Körper und ihre Wirkung auf die Gesundheit unterscheiden sie sich stark. Auf der einen Seite stehen die sogenannten Makronährstoffe, die Energielieferanten für unseren Körper. In Form von Kohlenhydra-ten, Fetten und Eiweißen versorgen sie uns mit dem nötigen Treibstoff für alle körperli-chen Funktionen. Die Maßeinheit für ihr Vorkommen in Lebensmitteln ist die Kalo-rie. Je mehr Kalorien ein Essen enthält, desto mehr Energie stellt es uns bereit. Das Problem hierbei: Aufgrund von zu wenig Bewegung im Alltag sowie einem großen Überfluss an Essensoptionen übersteigt unsere Energieaufnahme häufig unseren Bedarf. Der Körper wandelt diese überschüssige Energie in Fett um – man nimmt zu. Anders sieht es bei der Aufnahme von Mikronährstoffen aus, die nicht umsonst auch Vitalstoffe heißen. Hierbei handelt es sich um Vitamine, Mineralien, Spurenelemente und sekundäre Pflanzenstoffe, die statt Energie reine Vitalität liefern. Sie spielen eine zentrale Rolle bei allen wichtigen Stoffwechselprozessen und sind für unsere Gesundheit unabdingbar. Leider bedeutet ein Zuviel an Kalorien aber nicht automatisch eine ausreichende Versorgung mit Mikronährstoffen. Vielmehr werden meist viele leere Kalorien konsumiert, die nur eines nähren: die Fettreserven.

Smoothies drehen das Verhältnis von Mikro- zu Makronährstoffen gekonnt um! Sie beinhalten eine Fülle an Vitaminen, Mineralien, Spurenelementen und wertvollen zellschützenden sekundären Pflanzenstoffen ohne die unnötige Last leerer Kalorien.

Vielfalt der Mikronährstoffe

Mikronährstoffe können vom Körper selbst nicht produziert werden. Deshalb ist es unabdingbar, sie in ausreichendem Maß mit der Nahrung aufzunehmen.

Mineralien und Spurenelemente

Der Körper benötigt sie, um körpereigene Stoffe wie Knochensubstanz aufzubauen und sein Gleichgewicht zu bewahren, zum Beispiel im Elektrolythaushalt. Mangelerscheinungen bei Kalzium, Zink, Eisen & Co. zeigen sich in vielfältigen Symptomen wie Erschöpfung, Konzentrationsschwäche, Muskelkrämpfen sowie Haut- oder Haarproblemen. Mineralstoffe sind reichlich in grünem Blattgemüse vorhanden.

Vitamine

Diese organischen Substanzen sollten bei keiner Mahlzeit fehlen. Sie sind von der Blutbildung bis zur Stoffwechselregulation an einer Vielzahl von Körperprozessen

INFO

LEERE KALORIEN

Sogenannte leere Kalorien liefern zwar auch Energie, versorgen unseren Körper zugleich aber nicht oder nur in sehr geringer Menge mit lebenswichtigen Mikronährstoffen. Statt unsere Vitalstoffdepots aufzufüllen, entziehen sie dem Körper häufig sogar wichtige Mineralien und Vitamine. Als leere Kalorien werden zum Beispiel Alkohol, weißer Zucker sowie weiße Mehle bezeichnet.

beteiligt. Da sie häufig empfindlich auf Hitze oder auf Sauerstoff reagieren, sollte Obst und Gemüse, in denen sie reichlich vorkommen, stets frisch zubereitet und verzehrt werden. Werden sie roh gegessen, ist das meistens am allerbesten.

Sekundäre Pflanzenstoffe und Antioxidanzien

Studien zufolge gibt es weit mehr als 10 000 sogenannte Phytonährstoffe, also pflanzliche Substanzen wie Flavonoide, Carotinoide und Phytosterine, die für Farbe und Geruch der Pflanzen zuständig sind. Sie schützen unsere Zellen, wirken Entzündungen und Bluthochdruck entgegen und besitzen präventive Eigenschaften gegen Krebs. Je bunter und vielfältiger Obst und Gemüse auf unserem Teller sind, desto besser, denn umso mehr unterschiedliche sekundäre Pflanzenstoffe nehmen wir zu uns.

Wesentlich ist vor allem ihre Wirkung als Antioxidanzien und Radikalenfänger: Diese freien Radikale sind instabile sauerstoffhaltige Moleküle, denen ein Elektron fehlt. Also machen sie sich auf die Suche nach dem Fehlenden und greifen dabei Körperzellen an. Die Antioxidanzien sind es, die sich »freiwillig« mit ihnen verbinden und den Körper so vor Schädigungen, Krankheiten und frühzeitigem Altern schützen. Wichtige Antioxidanzien sind beispielsweise die Vitamine C, E und Provitamin A, zudem Enzyme sowie Polyphenole wie Resveratrol.

Wussten Sie, dass sekundäre Pflanzenstoffe vor allem in der Schale und den äußeren Blättern zu finden sind? Das spricht dafür, möglichst ungeschältes Obst und Gemüse in Bio-Qualität zu konsumieren.

Ballaststoffe

Diese pflanzlichen Faserstoffe aus Obst, Gemüse, Getreide, Samen und Nüssen haben eine Vielzahl positiver Wirkungen. Sie gelangen unverdaut in den Dickdarm und sorgen für eine reibungslose Ausscheidung von Abfallprodukten sowie für eine gesunde Darmflora. Außerdem tragen sie zu einem niedrigen Blutzuckerspiegel bei, denn die Kohlenhydrate aus ballaststoffreicher Nahrung werden nur langsam verdaut, sodass der Blutzuckerspiegel ebenfalls nur mäßig ansteigt. Obendrein machen sie lange satt.

Gesunde Frische vom Markt oder aus dem Bio-Laden macht auch schlank.

Enzyme

Auch sie sind keine Energielieferanten, dafür aber können sie als regelrechte Lebensretter bezeichnet werden. Als Katalysatoren beschleunigen sie biochemische Reaktionen und Prozesse im Körper oder machen diese sogar erst möglich. Da Erhitzen ihnen zusetzt, stecken sie primär in Rohkost.

Nährstoffdichte statt Kalorienmasse

All die beschriebenen Vitalstoffe kommen Ihnen zugute, wenn Sie regelmäßig Smoothies zu sich nehmen. Kalorienzählen und das akribische Studieren von Zutatenlisten im Supermarkt sind beim Smoothie-Programm passé. Da nur hochwertige Lebensmittel auf den Tisch kommen, gibt es weder unnötige leere Kalorien zu fürchten noch künstliche Zusatzstoffe.

Während des Smoothie-Programms verschiebt sich der Fokus in Ihrer Ernährung ganz von selbst von Makro- auf Mikronährstoffe, das heißt auf all die Substanzen, die für das »Leben« in Lebensmitteln verantwortlich sind. Statt zu betrachten, wie viel Eiweiß, Fette und Kohlenhydrate ein Nahrungsmittel enthält, und somit wenig über dessen Wirkung auf Gesundheit und Wohlbefinden zu erfahren, interessieren Sie sich im Smoothie-Programm vor allem für die Nährstoffdichte des Essens. Diese bezeichnet das Verhältnis von Mikronährstoffen pro

ROH HEISST VITAL

Das Garen denaturiert pflanzliche Power-Lebensmittel durch eine Erhitzung auf weit über 42 Grad. Es werden Nahrungsenzyme sowie hitzeempfindliche Vitamine und sekundäre Pflanzenstoffe zerstört. Smoothies hingegen sind wertvolle Rohkost. Der hohe Wassergehalt von frischem Obst und Gemüse sättigt und versorgt uns zugleich mit Flüssigkeit. Auch der hohe Anteil an Ballaststoffen bewirkt, dass Sie sich länger satt fühlen. Darüber hinaus werden Smoothies auch meist von Menschen vertragen, die sonst Probleme mit der Verdauung von Rohkost haben. Extrem fein gemixt können Smoothies sogar am Abend genossen werden: Sie werden leicht und schnell verdaut – so können Sie unbeschwert schlafen.

Kalorie. So besitzen Pizza und Gummibärchen zwar viele Kalorien, jedoch nur einen minimalen Anteil an Mikronährstoffen. Eine hohe Nährstoffdichte hingegen zeigen grünes Blattgemüse, alle anderen Gemüse und Obst – die Basis der Smoothies!

Vital(stoffe) als Fatburner

An sich ist die Rechnung zur Fettverbrennung simpel: Jedes Kilo reines Fett, das Sie loswerden möchten, besteht aus 7 000 Kilokalorien, die zusätzlich verbrannt werden müssen. Zum einen kann das über ein Plus an Bewegung passieren, zum anderen sind es ganz bestimmte Vitalstoffe, die die Fettverbrennung ankurbeln. Magnesium beispielsweise ist unabdingbar beim Fettabbau, der Lipolyse, Zink kann regulierend auf das Appetitzentrum im Gehirn wirken und Vitamin B2 ist wichtig für die Verwertung der Nährstoffe. Wer seinen Körper gut mit diesen Wunderhelfern versorgt, braucht keine Heißhungerattacken mehr zu befürchten. Sein Organismus hat, was er braucht.

Die Rolle von Eiweiß, Fetten und Kohlenhydraten

Natürlich sind auch die Makronährstoffe während der Smoothie-Diät wichtig. Sie stehen bei dieser gesunden Art der Ernährung nicht im Vordergrund, aber sie erfüllen ihre für uns wesentlichen Aufgaben.

Schlank mit Eiweiß?

Proteine sind bei vielen Diäten sehr beliebt. Manche basieren sogar auf einer stark erhöhten Zufuhr von Eiweiß und dem Verbot von Kohlenhydraten. Dabei aber startet unser Körper ein Notfallprogramm, bei dem es vor allem zur Ausscheidung von Wasser kommt, weniger zum Abbau von Fetten. Darüber hinaus tragen eiweißlastige Diäten zur Übersäuerung des Körpers bei, was wiederum ungünstige Folgen für die Gesundheit und den langfristigen Gewichtsverlust hat. Im Rahmen der Smoothie-Diät spielt Eiweiß keine Hauptrolle, es versteckt sich aber in sehr vielen pflanzlichen Lebensmitteln, von denen reichlich gegessen wird.

Fette gegen Pfunde

Auch beim Gewichtsverlust geht nichts ohne Fette, denn sie sind unabdingbar für den Stoffwechsel, für die Bildung von Hormonen sowie für den Transport fettlöslicher Vitamine wie A und E. Generell wird dabei in gesättigte und ungesättigte Fettsäuren unterteilt. Gesättigte Fettsäuren sind vor allem in tierischen Produkten wie Butter, Wurst und Käse zu finden. Sie sollten höchstens einen Anteil von 30 Prozent an den insgesamt aufgenommenen Fetten stellen, denn sie sammeln sich schnell an den Hüften an und erhöhen den LDL-Cholesterinspiegel, sprich die Menge an »bösem Cholesterin« im Blut. Besonders großen Abstand sollten Sie von Transfetten halten, die sich in vielen Fertigprodukten befinden. Sie entstehen in chemischen Prozessen, bei denen flüssige Pflanzenöle zu festen Industriefetten verarbeitet werden. Aber auch bei starker Erhitzung

durch Braten oder Frittieren kann es zur Bildung von Transfetten kommen. Mit ihnen kann der Körper aufgrund ihrer entfremdeten Struktur nichts anderes anfangen, als sie in Fettdepots zu speichern, sodass sie keinen größeren Schaden anrichten. Das aber bedeutet unnötige, wachsende Pölsterchen.

UNGESÄTTIGT IST IMMER GUT

Ungesättigte Fettsäuren haben einen fast gegenteiligen Effekt auf unseren Körper als ihre gesättigten Kollegen. Als essenzielle, also lebenswichtige Substanzen, die mit der Nahrung aufgenommen werden müssen,

Gute Öle und Fette sind gesund und helfen sogar beim Abnehmen.

Leinsamen sind die Früchte des Flachses und sehr reich an wertvollen Fetten.

senken vor allem mehrfach ungesättigte Fettsäuren den LDL-Cholesterinspiegel, versorgen unsere Nervenzellen mit Energie und unser Gehirn mit ordentlich Power. Die in den Rezepten enthaltenen Nüsse und Samen können Sie also voller Genuss und in dem Wissen verwenden, dass sie Helfer, nicht Hürden beim Gewichtsverlust darstellen!

Kohlenhydrate

Bei herkömmlichen Diäten sind sie oft verpönt, doch genau wie bei Fetten gibt es auch bei Kohlenhydraten große Unterschiede in der Wertigkeit und Verwertbarkeit dieser Makronährstoffe. Wichtig ist für Ihren Gewichtsverlust vor allem, in welcher Verpackung die Kohlenhydrate aufgenommen werden. Werden sie, wie es bei Obst und Gemüse, aber auch Hülsenfrüchten und

Vollkornprodukten der Fall ist, von Ballaststoffen begleitet, steigt der Blutzuckerspiegel nach dem Essen gemächlich an und fällt genauso langsam wieder ab. So wird der rasante Ausstoß des Dickmacherhormons Insulin vermieden, der bei der Aufnahme von weißem Zucker oder weißen Mehlen stattfindet. Heißhunger hat keine Chance.

Ist grün, macht schlank und glücklich: Chlorophyll

Vor allem die grünen Smoothies strotzen vor Vitalität. Leben auf der Erde, so wie wir es kennen, wäre ohne Chlorophyll undenkbar. Denn ohne diesen grünen Pflanzenfarbstoff käme es nicht zur Fotosynthese, dem Prozess, bei dem Pflanzen aus der Sonnenenergie letztlich ihre Kohlenhydrate herstellen. Sie sind es, die uns als wichtigster Nährstoff dienen. Selbst Fleisch ist umgewandelte Pflanzenkraft.

Die gesundheitliche Wirkung von Chlorophyll ist nahezu unerschöpflich und bis heute noch nicht in ihrer Gänze erforscht. Fest steht, dass das »grüne Blut der Pflanzen« dem menschlichen Hämoglobin in seiner Zusammensetzung und Funktion sehr ähnlich ist. Dementsprechend ist es auch nicht verwunderlich, welchen positiven Effekt der Verzehr von grünem Blattgemüse auf unser Blut haben kann: Es lindert Blutarmut und hilft bei Bluterkrankungen. Außerdem fördert es die Produktion roter Blutkörperchen und spielt damit eine ganz entscheidende Rolle bei der Zellregeneration und dem Transport von Sauerstoff.

Gerade sein Effekt auf das Sauerstoffvorkommen im Körper ist entscheidend für den Gewichtsverlust. Denn je mehr Sauerstoff zu den Zellen gelangt, desto besser können diese Nährstoffe aufnehmen und verarbeiten. Der Körper ist bestens versorgt.

Fünfmal gut

Fünf »grüne« Gründe zeigen, warum Chlorophyll Sie beim Abnehmen unterstützt.

1. HARMONISIEREND UND ZENTRIEREND

Vor allem in Zeiten hoher Belastung hilft es dem Körper dabei, entspannt mit Stress umzugehen. Gezielter Gewichtsverlust ist stets auch eine Phase besonderer körperlicher Belastung, sodass ausreichend Chlorophyll hierbei sehr gelegen kommt.

2. BASISCHE WIRKUNG

Zu viel Säure im Körper drückt sich oftmals auch in hartnäckigen Fettpölsterchen aus, in denen sie gespeichert wird. Mit basisch wirkender Nahrung wie chlorophyllreichem Blattgemüse sagen wir auch diesen Pfunden den Kampf an, mehr dazu ab Seite 24.

3. GESUNDE DARMFLORA

In einem sauerstoffreichen Milieu, das durch dieses pflanzliche Pigment gefördert wird, können gute, aerobe Bakterien optimal gedeihen, während den schädlichen Bakterien der Nährboden entrissen wird. Die Folge: eine bessere Verdauung und Nährstoffauf-

INFO

CHLOROPHYLL UND KREBS

Die Wirkkraft, die Chlorophyll sowohl in der Krebstherapie als auch zur Tumorvorbeugung entwickelt, ist ein gutes Beispiel für die hohe Potenz der Substanz. Erste Studienergebnisse deuten an, dass es zum Beispiel bei Darmkrebs therapeutisch eingesetzt werden kann. Beachtlich ist auch der Einfluss von Chlorophyll auf unsere Lungen: Es schützt sie nicht nur, sondern neutralisiert zu einem gewissen Grad auch die negativen Einflüsse von Luftverschmutzung oder Zigarettenrauch auf unsere Gesundheit. Selbst die Weltgesundheitsorganisation (WHO) und andere führende Institutionen empfehlen deshalb eine chlorophyllreiche Ernährung als wesentlichen Bestandteil der individuellen Krebsprophylaxe.

nahme sowie eine regelmäßige Ausscheidung von Abfallprodukten. Der hohe Ballaststoffgehalt von grünem Blattgemüse trägt zu diesem Effekt noch zusätzlich bei.

4. FÜR DIE ZELLGESUNDHEIT

Chlorophyll unterstützt den Körper dabei, Zellen zu reinigen, zu reparieren und neu aufzubauen – und funktionieren unsere Zellen optimal, so spiegelt sich das natürlich auch in einem rundum gesunden und vitalen Körper wieder.

5. GANZHEITLICHE ENTGIFTUNG

Es reinigt unser Blut, hilft dabei Schadstoffe aus der Umwelt und unserer Ernährung zu entfernen, unterstützt unsere Organe bei ihrer reinigenden Tätigkeit und kann unseren Körper sogar von giftigen Schwermetallen wie Quecksilber befreien. Auch hier gilt: Je mehr innere Reinigung wir erfahren, desto weniger Ballast tragen wir mit uns herum – dazu gehören auch überflüssige Pfunde.

Grüne Bezugsquellen

Der Chlorophyllgehalt einer Pflanze ist an ihrer Färbung erkennbar. Generell gilt: Je dunkler das Grün, desto mehr Chlorophyll besitzt sie. Eisbergsalat ist dementsprechend eine weniger gute Quelle für den grünen Farbstoff – Petersilie, Brokkoli, Spinat und Feldsalat schlagen ihn um Längen.
Neben der Färbung des Gemüses ist ein schonender Umgang mit ihm essenziell für die Aufnahme von möglichst viel Chlorophyll. Da die Substanz sehr hitzeempfindlich ist, empfiehlt es sich, möglichst viel grünes (Blatt-)Gemüse in roher Form zu konsumieren – zum Beispiel als einen der vielen appetitlichen grünen Smoothies oder Salate während des Smoothie-Programms!
Neben herkömmlichen grünen Kulturpflanzen, die in unserer Küche reich vertreten sind, können auch Algen wie Spirulina und Chlorella sowie Wildkräuter als Chlorophylllieferanten genutzt werden.

Wildkräuter für Genießer

Häufig als Unkraut beschimpft und von Gärtnern verflucht sind Wildkräuter mittlerweile ein absoluter Küchentrend und zu den geheimen Superstars im Grünzeug-Sortiment aufgestiegen. Sie wachsen auf naturbelassenen Böden unberührt von menschlicher Hand, setzen sich tagtäglich ohne Unterstützung durch Gärtner oder Bauer gegen Standort-Konkurrenten und Fressfeinde durch und schöpfen all ihre Energie aus Wasser, Sonne und Erde. Das äußert sich nicht nur im intensiven herben Geschmack, sondern auch im außergewöhnlichen Nährstoffgehalt der grünen Alleskönner. So besitzen Brennnesseln beispielsweise den siebenfachen Vitamin-C-Gehalt von Orangen, allein 100 Gramm liefern die dreifache Menge des Tagesbedarfs an diesem äußerst wichtigen Schlankmacher- und Anti-Aging-Vitalstoff. Ähnlich verhält es sich bei Fatburning-Mineralien: Selbst Gänseblümchen enthalten dreimal soviel Magnesium wie Kopf- oder Feldsalat. Und während Spinat mit gut 120 Milligramm Kalzium pro 100 Gramm das Feld der Kulturpflanzen mit anführt, lassen ihn Brennnesseln (630 mg), Franzosenkraut (410 mg) und Bärenklau (320 mg) alt aussehen. Auch der bittere Geschmack vieler Wildkräuter kommt Ihnen zugute, denn Bitterstoffe wirken sich sehr positiv auf die Verdauung aus und regulieren zudem den Appetit auf Süßes. Auch unter dem Blickwinkel, dass Bitteres in unserer heutigen Nahrung kaum noch vorkommt, sind Wildkräuter eine wertvolle Ergänzung, wie auch die Forschung für die Gesundheitsprophylaxe bestätigt.

TIPP

WILDKRÄUTER KAUFEN

Wildkräutersalate gibt es in vielen Bio-Läden und Supermärkten. Falls sich das Finden und Selber-Pflücken als schwierig erweist, gibt es somit auch eine schnelle Alternative.

Anstatt sich also das nächste Mal über den Giersch oder Löwenzahn in Ihrem Garten zu ärgern (das macht sowieso nur Falten), freuen Sie sich über ein kostenloses Vitalstoff-Konzentrat der Extraklasse und stecken Sie ihn einfach in den Mixer.

Wildkräuter sammeln

Wenn Sie draußen selbst Ihre Wildpflanzen suchen wollen, lohnt sich die Anschaffung eines guten Wildkräuterführers sowie die Teilnahme an einer Wanderung unter fachmännischer Leitung. Auf jeden Fall gilt: Vermeiden Sie Gebiete mit hoher Schadstoffbelastung oder einer größeren Beliebtheit bei Hundehaltern. An Waldrändern und auf Wiesen sowie oftmals auch im eigenen Garten lassen sich hingegen ungeahnte Schätze entdecken. Sammeln Sie nur, was Sie eindeutig identifizieren können. Selbst mit Klassikern wie Klee, Brennnessel und Kamille lassen sich abwechslungsreiche Smoothies und Detox-Gerichte kreieren.

Wildkräuter sind hübsch anzusehen und vor allem gesundheitlich wertvoll.

starke Entgiftungssymptome wie Kopfschmerzen oder Hautunreinheiten ▸ siehe
Seite 42 auftreten, wenn Sie bei Wildkräu-
tern von null auf hundert durchstarten. Das
bedeutet eine Überforderung des Körpers,
die sich durch eine sanfte Eingewöhnungszeit und die langsame Erhöhung des Wild-
kräuterkonsums leicht vermeiden lässt.

> ## Detox ist eine Maßnahme oder Ernährungsform, die Gifte im Körper beseitigt, die der Gesundheit und/oder dem Idealgewicht im Weg stehen. Sie wirkt dreifach: durch Entschlackung, Entgiftung und Entsäuerung.

MEIN PERSÖNLICHER TIPP

TIEFKÜHL-VARIANTEN
Wildkräuter halten sich
nur ein oder zwei Tage
im Kühlschrank frisch.
Damit Sie auch im Win-
ter regelmäßig ein we-
nig grünes Gold zu Ihrem Smoothie
hinzufügen können, frieren Sie im
Sommer einfach ein paar zusätzliche
Portionen ein, denn dabei bleiben die
Vitalstoffe weitestgehend erhalten.

Gehen Sie respektvoll mit der Natur um.
Anstatt die ganze Pflanze herauszureißen, ist
es sinnvoller, nur die jungen Blätter zu pflü-
cken, sodass sich der Rest wieder regenerie-
ren kann. Auf diese Weise gibt es unbe-
grenzten Wildkräuter-Spaß für alle!

Langsames Heranschmecken

Es ist ratsam, langsam in die wilde Welt des
freiwachsenden Grünzeugs einzusteigen.
Zum einen müssen Sie sich erst allmählich
an den aromatischen und sehr herben Geschmack vieler Wildkräuter gewöhnen,
wenn bisher nur mildere Kulturpflanzen auf
den Tisch – oder in den Mixer – gekommen
sind. Zu viel des Guten kann die Freude an
grünen Smoothies schnell verderben. Zum
anderen können auf gesundheitlicher Seite

Entgiftung inklusive

Beim Abnehmen gleich auch noch entgiften,
das ist einer der vielen Vorzüge des Smoothie-Programms. Detox ist heute in aller

TIPP

DER SÄURE-BASEN-HAUSHALT

Der menschliche Organismus zeigt ein sehr komplexes System an Prozessen mit starken Wechselwirkungen. Für ihren störungsfreien Ablauf ist ein möglichst konstantes Säure-Basen-Gleichgewicht notwendig. Dies ist im Blut messbar, hier sollte ein leicht basischer pH-Wert von 7,4 vorliegen, der jedoch im Laufe des Tages leichten Schwankungen unterliegt. Auch im Urin lässt sich der pH-Wert nachprüfen, was Sie mit den entsprechenden Teststreifen aus der Apotheke leicht selbst zu Hause durchführen können. Häufig kommt es zu Übersäuerung, die sich durch Müdigkeit, Verstimmung oder Infektanfälligkeit äußert. Neben Stress und fehlender Bewegung ist hierfür vor allem eine stark säurebildende Ernährung mit viel Fertigkost, Zucker, Fleisch, Koffein und Alkohol verantwortlich. Durch basische Vitalkost – Smoothies – kehren Sie zur Säure-Basen-Balance zurück.

Munde. Zu Recht, denn Reinigung und Entgiftung fördern das Wohlbefinden, bringen den Körper wieder in seine Mitte und reaktivieren seine natürlichen Selbstheilungskräfte. Zugleich verwirrt die Vielzahl der Detox-Produkte und -Programme, von denen einige leider nur wenig gesundheitlichen Nutzen besitzen. Was ist es nun ganz genau, was wir unter Detox verstehen? Der Satz auf Seite 24 gibt eine ganz simple und eindeutige Definition.

Das Smoothie-Programm hält sich an diese Aussage. Es schenkt dem Körper eine Auszeit, um sich von Altlasten zu befreien und zurück zum eigenen Gleichgewicht zu gelangen. Durch eine Ernährung frei von Transfetten ▸ siehe Seite 19, künstlichen Zusatz-, Süß- und Farbstoffen sowie stark säurebildenden Lebensmitteln kann der Körper endlich all die bislang abgelagerten Giftstoffe abbauen und ausscheiden. Zugleich gelangt er zurück zur Säure-Basen-Balance, sodass alle Lebensvorgänge wieder reibungslos funktionieren können und die Zellgesundheit allmählich wiederhergestellt wird. Aufatmen auf allen Ebenen. Die vitalisierenden Smoothies liefern zugleich die große Chance auf einen Neubeginn. Denn die Zellen werden mit Vitalstoffen regelrecht überflutet. Detox mit dem Smoothie-Programm bietet Ihnen Reinigung auf zellulärer, physischer und emotionaler Ebene. Dies ist ein Extra, das nur die wenigsten konventionellen Diäten besitzen.

KÖNIGSKLASSE: BIO, REGIONAL UND SAISONAL

Smoothies bestehen vor allem aus frischem Blattgrün, Obst und Gemüse, das im Ganzen verwendet wird. Die große Menge dieser Nahrungsmittel, die Sie durch Smoothies konsumieren, hat aufgrund ihrer Nährstoffe natürlich viele gesundheitliche Vorteile.

Auf der anderen Seite würde das bei konventionell angebauten Pflanzen jedoch auch bedeuten, dass Sie unter Umständen eine große Menge an Pestiziden und Düngerrückständen aufnehmen. Aus diesem Grund sollten Sie wenn möglich Lebensmittel aus ökologischer Landwirtschaft verwenden. Sie treffen auf diese Weise eine Entscheidung für Ihre eigene Gesundheit und setzen sich zugleich für Nachhaltigkeit und den schonenden Umgang mit natürlichen Ressourcen ein. Denn genau dies ist auch das zentrale Anliegen von Bauern und Gärtnern, die ihre Flächen nach ökologischen Richtlinien bewirtschaften.

ABO UND LIEFERSERVICE

Einige Bio-Bauern bieten Abos an, bei denen Sie wöchentlich eine Kiste voller saisonalem Obst und Gemüse erhalten. Oft können Sie dabei zwischen verschiedenen Größen auswählen, um die ideale Menge für Ihren Haushalt zu bekommen. Auch auf die Zusammenstellung der Produkte haben Sie oft Einfluss. Probieren Sie es aus: Sie erhalten zu einem guten Preis hochwertige Lebensmittel, die zu neuen Rezepten mit dem Mixer und auf dem Herd inspirieren.

Biologisch anbauen, das geht natürlich besonders gut im eigenen Garten.

DIRTY DUTZEND

Einen hohen Pestizidgehalt weisen die folgenden Früchte und Gemüse auf: Äpfel, Sellerie, Paprikaschoten, Nektarinen, Pfirsiche, Gurken, Weintrauben, Beeren, Kirschen, grünes Blattgemüse, Tomaten und Kartoffeln. Sie sollten möglichst nur in Bio-Qualität gekauft werden.

BESSER TEILWEISE ALS GAR NICHT BIO

Für viele bleibt Bio leider ein unbezahlbarer Luxus, andere wohnen einfach zu weit von guten Bio-Geschäften oder -Anbietern entfernt, sodass auch Abo-Lieferanten nicht bis zu ihnen fahren. Sie können Lebensmittel in Bio-Qualität also nur ausgewählt in Supermärkten oder auf dem Wochenmarkt kaufen – und sollten genau darauf achten, welche Sorten an Obst und Gemüse sie dafür bevorzugt wählen. Die Kästen auf dieser Seite helfen bei der Auswahl. Sie zeigen, welche Sorten im konventionellen Anbau besonders hohe Pestizidspuren aufweisen und welche weniger stark belastet und daher eher unbedenklich sind.

Auch der Herkunftsort spielt übrigens eine Rolle: Konventionelle Ware aus dem deutschsprachigen Raum ist meist mit weniger Pestiziden belastet als Obst und Gemüse aus dem weiteren Ausland. Gründlich abwaschen ist jedoch in jedem Fall angesagt, auch bei Bio-Produkten.

REGIONAL IST AUCH SAISONAL

Die Verwendung von regionalen Produkten ist eine weitere Möglichkeit, um Smoothies von höchster Qualität herzustellen. Durch die kurzen Transportwege der Lebensmittel bleiben die meisten Vitamine, Mineralien und sekundären Pflanzenstoffe erhalten, die sonst bei langer Lagerung und weiten Wegen verloren gehen. Zugleich bedeutet die Wahl regionaler Produkte stets auch die Verwendung saisonaler Früchte und Gemüse. So ernähren Sie sich im Einklang mit Ihrem inneren Rhythmus, der immer auch mit dem jahreszeitlichen Zyklus Ihrer Region korrespondiert.

CLEANES DUTZEND

Diese Produkte haben meist einen niedrigeren Pestizidgehalt und können auch dann mit gutem Gewissen verzehrt werden, wenn sie aus konventionellem Anbau stammen: Spargel, Avocados, Kohl, Melonen, Auberginen, Grapefruits, Kiwis, Mangos, Papayas, Ananas, Kulturspeisepilze wie Champignons und Zwiebeln.

Superfoods für Super-Smoothies

Während und bestimmt auch nach dem Smoothie-Abnehmprogramm werden die gesunden Drinks ein fester Bestandteil Ihres Alltags. Gerade deshalb ist es wichtig, durch Abwechslung die Freude an ihnen zu bewahren. Das erreichen Sie beispielsweise, indem Sie ab und zu Superfoods nutzen. Dies sind bestimmte Naturprodukte, welche die Superkräfte der Pflanzenwelt in hoch konzentrierter Form besitzen. Ihr Vitalstoffgehalt ist außergewöhnlich hoch.

Auch heimische Beeren, frisches Gemüse oder knackige Sprossen sind kleine Powerpakete, doch Superfoods bieten uns durch ihre besondere Zusammensetzung und ihre gesundheitsfördernden Eigenschaften ein Smoothie-Upgrade der Extraklasse. Ihre hohe Vitalkraft bedeutet dabei auch, dass geringe Mengen von ein oder zwei Teelöffeln pro Smoothie völlig ausreichen, um ihre Wirkkraft zu nutzen. Die fünf besten Superfoods für Ihren Smoothie sind:

1. Kakao

Die rohe Kakaobohne enthält mehr Antioxidanzien als Grüner Tee sowie reichlich Mineralien und Ballaststoffe. Als Königin der Superfoods und »Nahrung der Götter« zeichnet sie sich außerdem vor allem durch ihre außergewöhnliche Wirkung auf unsere Stimmung aus: Ihre natürlichen Inhaltsstoffe Anadamid, Phenylethylamin und Tryptophan wirken ähnlich glücksbringend wie chemisch hergestellte Amphetamine, die in Arzneien und Rauschmitteln zu finden sind. Außerdem besitzt roher Kakao aufgrund seines Koffein- und Theobromingehalts einen konzentrationssteigernden und anregenden Effekt. Er ist in vielen Bio-Läden, aber auch online als Kakaosplitter, in Pulverform sowie in ganzen Bohnen erhältlich.

2. Maca

Ein starkes Superfood aus den Höhen der Anden. Es ist die ideale Nahrungsergänzung in Zeiten hoher Belastung, denn es unterstützt die Nebenniere, unsere körperliche Produktionsstätte für Adrenalin, bei der Regeneration. Dementsprechend erhöht es Ausdauer und Durchhaltevermögen, und es soll auch als Aphrodisiakum wahre Wunder bewirken. Probieren Sie testweise einen halben Teelöffel des Pulvers pro Tag.

INFO

LOHNENDE EXTRAS

Super-Smoothies stellen eine wunderbare Erweiterung des vielseitigen Drink-Repertoires dar. Erhältlich sind die Superfoods in vielen Bio-Läden sowie in zahlreichen Online-Shops.

3. Goji-Beeren

Fest etabliert in der Traditionellen Chinesischen Medizin hat die leuchtend rote Beere in den letzten Jahren auch in Deutschland an Popularität gewonnen. Zu Recht, denn mit ihrem außergewöhnlich hohen Anteil an Antioxidanzien, an B-Vitaminen und auch an Vitamin C stärkt sie nicht nur unser Immunsystem, sondern wirkt auch wie ein Anti-Aging-Mittel von innen. Zur leichteren Verwendung in Smoothies sollten die Beeren vorab mindestens eine halbe Stunde in Wasser eingeweicht werden.

4. Getreidegräser

Im Zwischenstadium zwischen Keimling und Ähre befindlich, weisen Getreidegräser ein ganz eigenes Nährwertprofil auf: Hier besitzt die Pflanze ihren höchsten Chlorophyll- und Enzymgehalt und besteht zu gut 20 Prozent aus vollwertigem Eiweiß. In Studien wurden zudem mehr als 100 Inhaltsstoffe wie Vitamine und sekundäre Pflanzenstoffe im Weizengras gefunden, die eine positive Wirkung auf unseren Körper haben. Getreidegräser lassen sich selbst anbauen. Hierzu werden die Körner erst ein bis zwei Tage wie Sprossen im Glas zum Keimen gebracht und anschließend in einer Saatschale oder Aluminium-Backform in Anzuchterde gesetzt. Vier bis fünf Tage später können die Gräser abgeschnitten und für Smoothies verwendet werden. Aber man kann auch gut pulverisierten Weizen- oder Gerstengrassaft

Goji-Beeren stecken voller Vitamine und halten uns frisch und jung.

nutzen. Ein Tee- oder gar Esslöffel hiervon kann sogar hochwertige grüne Smoothies noch »vergolden«.

5. Algen

Algen sind die Reinigungskräfte des Meeres und wirken auch entgiftend auf unseren Körper. Außerdem bestehen Chlorella, Spirulina, AFA-Algen und Co. zu mehr als der Hälfte aus vollwertigem Eiweiß und sind somit auch die perfekten Energielieferanten für aktive Menschen. Algen haben einen relativ starken Eigengeschmack, beginnen Sie daher mit einem halben Teelöffel im Smoothie und erhöhen Sie die Zugabe langsam.

Nahrung für Körper, Geist und Seele

Zum Abnehmen gehört nicht nur, gut auf den eigenen Körper zu achten. Auch Geist und Seele sind beteiligt – und beim Smoothie-Programm wird ihnen entsprechend Sorge getragen. So vielfältig, wie die positiven Auswirkungen der tollen, bunten Trinkmahlzeiten sind, so reichhaltig sind auch die Erfahrungen, von denen Smoothie-Neulinge nach ein paar Tagen berichten. Gerade die neue innere Ruhe und Ausgeglichenheit überrascht viele, die sich aus Gewichtsgründen für eine Smoothie-Diät entschieden haben. Nicht wenige fühlen sich stärker im Einklang mit sich selbst und den Menschen in ihrem Leben und verspüren insgesamt ein positiveres Lebensgefühl. Unsere Ernährung hat eben eine enorme Wirkung, und das nicht nur auf unseren Körper. Sie kann auch (positiv oder negativ) unser Gemüt sowie unser Energielevel beeinflussen. Gerade Smoothies leisten mit ihren wertvollen Zutaten für Körper, Geist und Seele gleichermaßen gute Dienste.

Grün für die Harmonie

Grüne Smoothies beispielsweise besitzen einen ausgleichenden Effekt auf den Energiehaushalt, indem sie unser gesamtes System mit komplexen Kohlenhydraten (Polysacchariden) versorgen, die erst langsam vom Körper in den Treibstoff Glukose aufgespal-

ten werden. Auf diese Weise führen sie zu einem anhaltenden Sättigungsgefühl sowie einer sanften und lang andauernden Versorgung mit Energie. Achterbahnfahrten nach einer hohen Aufnahme von Einfachzuckern (Monosacchariden) wie weißem Zucker, die einen raschen Anstieg und kurz darauf Abfall des Blutzuckerspiegels nach sich ziehen, gibt es nicht mehr. Auch Stimmungsschwankungen und Konzentrationsschwäche werden von den grünen Smoothies gemildert oder sogar beseitigt.

Obst für den Basenausgleich

Doch auch fruchtige Smoothies sind wahre Harmoniestifter für den Organismus: Sie tragen ebenfalls wesentlich zum Säure-Basen-Gleichgewicht des Körpers bei. Damit beseitigen sie natürlich gleichzeitig auch die Symptome von Übersäuerung wie Antriebslosigkeit oder Erschöpfung, die uns Lebenskraft und Lebensfreude rauben. Außerdem können Sie mit Früchten Heißhungerattacken auf Süßes entgegenwirken und auch damit nicht nur den Abnehmerfolg, sondern zudem Ihre Laune verbessern.
Smoothies sind somit »Happy Mood«-Food: Sie machen nicht nur natürlich schlank, sondern auch natürlich glücklich. Die in ihnen enthaltenen Mikronährstoffe wirken auf unser Hormonsystem und heben so unsere Stimmung, sie beruhigen uns und helfen uns, Alltagsstress und besonders herausfordernde Lebensphasen gut zu bewältigen.

**FRÜCHTEPOWER GEGEN
DETOX-SYMPTOME**

Der Fruchtanteil der Smoothies mindert Entgiftungs-Symptome wie Kopfschmerzen oder Hautirritationen, die beim Abnehmen auftauchen können. Durch die vielen hochwertigen Lebensmittel mit Entgiftungseffekt, die Sie während dieser Diät plötzlich in hoher Menge essen, würde es ansonsten schnell zu starken Reinigungsreaktionen des Körpers kommen. Doch das Obst in Kombination mit Gemüse, grünem Blattgemüse und schlankmachenden Fetten verlangsamt die Entgiftung, sodass sie ganz nebenbei vonstatten geht, ohne Sie einzuschränken.

Vitamin B-Komplex für die Nerven

Ein sicheres Mittel für starke Nerven, ein gutes Gedächtnis und nicht zuletzt auch gute Laune sind die acht Vitamine der B-Gruppe. Insbesondere Folsäure (Vitamin B_9) und Thiamin (Vitamin B_1) gelten als hilfreich gegen Depressionen und Konzentrationsprobleme. Sehr gute Quellen für Folsäure sind Spinat und anderes grünes Blattgemüse, Thiamin ist reichlich in Sesam und Sonnenblumenkernen vorhanden.

Aminosäuren als Zellbaustoff

Die Eiweißbausteine besitzen eine Vielzahl an Funktionen, sind aber vor allem für körperliche Wachstumsvorgänge und den Stoffwechsel verantwortlich. Insbesondere die lebensnotwendigen essenziellen Aminosäuren Tyrosin, Tryptophan und Phenylalanin, die der Körper selbst nicht bilden kann, verhindern Depressionen und sorgen für gute Laune sowie einen gesunden erholsamen Schlaf. Sehr gute Quellen sind Bananen, Avocados und Sesamsamen.

Mineralstoffe & Spurenelemente

Ein Mangel an Zink, Selen, Magnesium, Eisen, Phosphor oder Kalium kann Apathie, Depression, Antriebslosigkeit oder Angstzustände verstärken. Nüsse, grünes Blattgemüse, Bananen und Avocados in den Smoothies liefern diese Mineralien zum Glücklich-Sein.

Omega-3-Fette für das Gehirn

Diese ungesättigten Fettsäuren sind nicht nur für viele Vorgänge im Gehirn unabdingbar. Ein Mangel an diesen essenziellen Fettsäuren wurde in Studien bereits mit Depressionen, ADHS und Schizophrenie in Verbindung gebracht. Zugleich soll mehr Omega-3 in unserer Ernährung zu guter Stimmung und einem positiveren Blick auf die Welt führen. Mit Chia-, Hanf- und Leinsamen sowie Walnüssen werden auch Smoothies zu wahrem Brainfood.

DIE SMOOTHIE-DIÄT

BEREIT FÜR MEHR ENERGIE UND LEICHTIGKEIT,
FÜR EIN NEUES KÖRPER- UND LEBENSGEFÜHL?
DANN AUF ZUR SMOOTHIE-DIÄT!

DAS SMOOTHIE-PROGRAMM KONKRET

Alles, was in Ihre Smoothies hineinkommt, kommt auch Ihrer Gesundheit zugute, trägt zum Gewichtsverlust bei, wirkt sich positiv auf Ihr Energielevel aus und liefert Glas für Glas mehr Vitalität und Lebensfreude. So viele Fliegen sind selten mit einer Klappe zu schlagen! Dieses Kapitel zeigt Ihnen, wie die Smoothie-Diät ganz genau funktioniert und was Sie bei diesem einfachen, genussreichen Abnehm-Abenteuer alles erwartet.

Kurz vorab: Was geschieht im Smoothie-Programm?

Es ist soweit – Sie stehen kurz vorm Start in Ihr Smoothie-Programm! Vorab schon einmal herzlichen Glückwunsch, denn allein diese Entscheidung ist bereits ein großer Schritt hin zu mehr Wohlbefinden, einem leichteren Leben und neuer Lebensfreude. Das Programm selbst ist wie folgt gestaltet:

- Eine Woche lang oder auch länger ersetzen Sie täglich Frühstück und Mittagessen durch einen Smoothie, abends steht ein sättigendes und ebenfalls vitalstoffreiches Detox-Dinner an. Dazwischen gibt es so viel Obst und Gemüse, wie Sie möchten, sowie einige gesunde Snacks und Fatburner-Drinks. Auf diese Weise hungern Sie die Kilos nicht herunter, da das nur die bösen Geister des Jo-Jo-Effekts heraufbeschwören würde. Stattdessen versorgen Sie Ihren Körper mit genau den Wunderstoffen der Natur, die ihn beim Loswerden überflüssiger Pfunde tatkräftig unterstützen. Gleichzeitig vermeiden Sie klassische Dickmacher wie Fertigprodukte, weißen Zucker und weiße Mehle.
- Um dem Erfolg beim Gewichtsverlust noch die Krone aufzusetzen, wird auch Bewegung groß geschrieben – und zwar solche, die Ihnen Spaß macht.

Auf den folgenden Seiten finden Sie nun eine Reihe an Tipps und Hilfestellungen, wie Sie die Diät ganz individuell an Ihren Alltag anpassen können und wie Sie maximale Erfolge mit ihr erzielen. So können Sie zum Beispiel die Reihenfolge der vorgeschlagenen Mahlzeiten ändern und mittags statt abends etwas »Richtiges« essen, wenn Ihnen das lieber ist. Oder Sie mixen in besonders hektischen Phasen morgens eine extragroße Portion Smoothies und trinken diese über den Tag verteilt, um etwas Zeit zu sparen. Sie sind der beste Experte darin, wie die Smoothie-Diät für Sie ganz persönlich zu einer freudvollen sowie sicht- und spürbar erfolgreichen Zeit wird.

Die Effekte des Programms

Das Smoothie-Programm besitzt einen klaren Fokus: Abnehmen mit Genuss und Lebensfreude. Dazu kommen viele positive Nebenwirkungen. Es handelt sich nämlich um eine natürliche Form des Gewichtsverlusts mit denselben Vorteilen wie ein ganzheitlicher und rundum gesunder Lebensstil. Der folgende Test zeigt Ihnen zunächst, welcher Abnehmtyp Sie sind und was das für Ihre Diät-Zeit bedeutet.

> Mehr Energie, ein starkes Immunsystem, reinere Haut, mehr Ausdauer und Leistungskraft sowie Wohlbefinden auf allen Ebenen, dazu sanfte Entgiftung und natürlich purzelnde Pfunde – all das bietet dieses Smoothie-Programm.

TEST: WELCHER DIÄTTYP SIND SIE?

Jeder startet mit anderen Voraussetzungen ins Abnehm-Rennen.
Mit diesem Test können Sie ermitteln, welcher Diättyp Sie sind.
Die Auswertung gibt Ihnen Tipps für eine noch erfolgreichere Smoothie-Diät,
die genau auf Ihre Bedürfnisse zugeschnitten ist.

1. Wie viel Obst und Gemüse essen Sie durchschnittlich pro Tag?

C ☒ Ich komme meist problemlos auf meine fünf Portionen.

A ☐ Viele Sorten schmecken mir nicht oder ich vergesse es einfach auch mal, Obst und Gemüse zu essen.

B ☐ Das schwankt sehr, aber ich gebe mir Mühe, dass bei mir jeden Tag etwas Frisches auf den Tisch kommt.

2. Wie sieht es bei Ihnen mit grünem Blattgemüse aus?

C ☒ Bei mir vergeht kein Tag ohne einen Salat oder etwas anderes Grünes.

B ☐ Da achte ich nicht wirklich darauf, aber grünes Blattgemüse gibt es bei mir schon ein paar Mal die Woche.

A ☐ Grünzeug mag ich eigentlich überhaupt nicht, dazu zwinge ich mich manchmal nur, weil es gesund ist.

3. Wie viele Süßigkeiten und Produkte mit Zucker konsumieren Sie?

A ☐ Ohne etwas Süßes würde ich wohl keinen Tag überleben.

C ☐ Ich esse allerhöchstens mal eine gesunde Alternative ohne weißen Zucker, meist selbst gemacht.

B ☒ Ich versuche, meinen Konsum schon etwas einzuschränken, manchmal klappt das gut, manchmal nicht.

4. Wie halten Sie es mit dem Auswärts-Essen und Fertigprodukten?

A ☐ Ich koche so gut wie nie, gehe meistens essen oder erhitze mir ein Fertiggericht – auf die Inhaltsstoffe achte ich dabei weniger, Hauptsache, es schmeckt!

B ☒ Wenn ich essen gehe oder mir etwas Fertiges aus dem Supermarkt hole, dann ist es mir wichtig, eine gesunde Entscheidung zu treffen. Zum Beispiel wähle ich dann einen Salat.

C ☐ Ich esse am liebsten zu Hause. Wenn ich selbst koche, weiß ich ja auch ganz genau, was in meinen Mahlzeiten steckt.

5. Egal, wie groß die Portion ist, ...

(2) A ☒ ... ich esse meinen Teller eigentlich bei jeder Mahlzeit leer.

C ☐ ... ich höre auf zu essen, wenn ich merke, dass ich satt bin.

A ☐ ... ich brauche meistens sogar noch einen zweiten Teller.

6. Wie viel Sport treiben Sie durch-schnittlich in der Woche?

C ☐ Ich trainiere regelmäßig, mindestens drei-mal die Woche für eine halbe Stunde.

(1) B ☒ Ein- oder zweimal komme ich jede Wo-che richtig in Bewegung.

A ☐ Sport ist nicht mein Ding. Das mache ich eher selten oder nie.

7. Und in Ihrem Alltag: Wie viel Bewe-gung haben Sie da?

A ☐ Die meiste Zeit verbringe ich sitzend.

C ☒ Mein Job und/oder meine Familie halten mich immer auf Trab.

B ☐ Auch in bewegungsärmeren Phasen ver-suche ich, zumindest mal die Treppen zu steigen anstatt die Rolltreppe zu nehmen oder zwischendurch zu Fuß zu gehen.

8. Mein Körpergewicht ...

B ☐ ... ist höher, als es sein sollte, aber ich bin dennoch halbwegs aktiv.

A ☐ ... behindert mich, wenn ich mich bewe-ge oder gar mal richtig in Schwung kom-men will.

C ☒ ... steht meiner Bewegungsfreude über-haupt nicht im Weg.

9. Wie würden Sie Ihre körperliche Konstitution beschreiben?

C ☒ Ich bin von Natur aus schlank, manchmal setze ich nur ein bisschen an.

A ☐ Ich war schon immer kräftiger als die meisten anderen, in den letzten Jahren ist es nur leider etwas ausgeufert.

C ☐ Manchmal fühle ich mich etwas zu dick, aber an sich bin ich ein sportlicher Typ.

10. Wie viel Stress haben Sie im Alltag?

A ☐ Meine Belastung ist konstant sehr hoch.

C ☐ Stress habe ich wenig oder mache ihn mir einfach nicht.

B ☒ Das ist sehr wechselhaft, mal ist mehr los, (1) mal ist es ruhiger.

11. Was tun Sie bei Stress oder Frust?

C ☐ Ich mache Sport, das hilft immer.

C ☒ Ich versuche, immer mal zu entspannen, sei es durch ein langes Bad, eine Meditation oder ein paar Yoga-Übungen.

A ☐ Ich greife dann meist zu etwas Süßem oder Fettigem, es heißt ja nicht umsonst »Kummer-Schokolade«.

12. In die Arbeit oder nach Hause hat jemand Torte mitgebracht. Was machen Sie?

B ☒ Wenn mir danach ist, gönne ich mir aus-(1) nahmsweise ein Stück.

C ☐ Da bleibe ich eisern und tröste mich mit einem Apfel oder ein paar Nüssen.

A ☐ Ein Stück esse ich auf jeden Fall, vielleicht werden es aber auch zwei.

13. Wie viel Gewicht möchten Sie insgesamt verlieren?

A ☐ Mehr als zehn Kilogramm sollten es schon sein.

B ☐ Na ja, schon ein bisschen was. Vielleicht so zwischen sechs und zehn Kilogramm.

C ☒ Eigentlich nur ein paar Pfunde, nicht mehr als fünf Kilogramm.

14. Was ist Ihr Hauptziel bei dieser Smoothie-Diät?

C ☒ Ich möchte mich einfach besser fühlen, etwas leichter und mit mehr Energie.

A ☐ Ich will schnell und effektiv möglichst viel abnehmen.

B ☐ Ich wünsche mir eine Diät mit Genuss und eine gesündere Lebensweise danach.

AUSWERTUNG

Zählen Sie nun Ihre Punkte zusammen: Jedes A steht für 2 Punkte, jedes B für einen, für C gibt es keine Punkte.

0 – 8: DIÄTTYP LIGHT

Sie leben schon viele gute Gewohnheiten. Sie achten auf Ihre Ernährung, sind insgesamt eher zufrieden mit Ihrem Körper und wissen, wie wichtig Sport für Ihr Wohlbefinden ist. Gibt es noch Bereiche, in denen Sie bessere Entscheidungen treffen könnten? Ihr Ergebnis bei den einzelnen Fragen kann Ihnen zeigen, worauf Sie stärker achten sollten. Lesen Sie dann noch mal gezielt zu diesem Thema, zum Beispiel zu Snacks (ab Seite 50), Bewegung (ab Seite 74) oder grünem Blattgemüse (Seite 43).

Während der Smoothie-Diät: Für Sie gilt, dass Sie sich ruhig etwas mehr gönnen können als andere. Gute Snacks sind daher für Sie neben Obst und Gemüse auch fünf Mandeln oder Walnüsse, eine halbe Avocado oder eine kleine Handvoll Kürbiskerne. Auch ein Glas frischen Obstsaft oder Mandelmilch mit einem Spritzer Agavensirup können Sie sich genehmigen. Und beim Detox-Dinner ist die Ergänzung um 50 Gramm Naturreis oder Tofu durchaus erlaubt. Das gefährdet Ihren Erfolg nicht, es festigt ihn.

9 – 19: TYP GOLDENE MITTE

Ihr Lebensstil befindet sich derzeit zwischen den beiden Extremen: In vielen Bereichen leben Sie bereits sehr bewusst und gesund, in einigen anderen klappt das noch nicht so gut. Schauen Sie sich anhand der Ergebnisse an, wo Sie Veränderung benötigen – bei allen Fragen, die Sie mit A beantwortet haben.

Während der Smoothie-Diät: An sich können Sie die Diät genau so durchführen, wie Sie konzipiert ist. Nutzen Sie das Programm, um an Ihren Problemzonen zu arbeiten – nicht nur körperlich, sondern auch bezüglich Ihres Lebensstils. Wenn Süßigkeiten Ihr großes Laster sind, satteln Sie während der Diät konsequent auf natürliche Alternativen und Obst um. Wenn es bisher zu wenig Bewegung in Ihrem Leben gibt, achten Sie darauf, möglichst regelmäßig Sport zu treiben.

20 – 28: DIÄTTYP TURBO

Sie wissen, dass Sie noch ein wenig vor sich haben, bis Sie sich wieder richtig wohl in Ihrer Haut fühlen. Es gibt Vieles, das Sie in Ihrem Leben und Ihrer Ernährung ändern möchten. Ihre Entscheidung für die Smoothie-Diät zeugt davon, dass Sie auch bereit für diese Veränderungen sind. Damit das Programm nun vollends zu einem gesunden und natürlichen Neuanfang wird, können Sie die Diät an einigen Stellen noch mit einem besonderen »Turbo« intensivieren.

Während der Smoothie-Diät: Wichtig ist das Thema Zwischenmahlzeiten. Die besten Snacks bestehen für Sie aus Gemüse und vor allem grünem Blattgemüse. Probieren Sie doch einmal die Gemüsechips ▶ siehe Seite 52 oder schneiden Sie sich Gemüse klein, sodass Sie auch unterwegs immer etwas Gesundes zum Knabbern parat haben. Den Konsum von Fetten sollten Sie gerade bei Snacks begrenzen, denn die Smoothie- und Detox-Rezepte enthalten davon genug. Halten Sie sich bei Drinks an Wasser mit Zitrone, Kräutertees und Gemüsesäfte. Vermeiden Sie Light-Produkte, denn die haben zwar wenig Kalorien, bringen Ihren Körper aber durch die künstlichen Inhaltsstoffe aus dem Gleichgewicht.

TIPP

WEITERE HINWEISE

Als Anregung für eine typgerechte Gestaltung des Programms finden Sie auch bei den Tagesplänen ab Seite 77 kurze Infos dazu, wie Sie das Programm zu einer Diät Light machen oder den Turbo einschalten können.

Perfektes Timing: Wann wollen Sie durchstarten?

Zeit ist nicht immer relativ. Durch unser Timing können wir den Erfolg beim Gewichtsverlust maßgeblich beeinflussen. Am besten ist es, das Programm im Einklang mit dem eigenen Terminkalender, dem Rhythmus der Jahreszeiten sowie den individuellen Zielen zu gestalten.

MEIN PERSÖNLICHER TIPP

ABNEHMEN ALS AUSZEIT
Zu etwas ganz Besonderem wird die Abnehmzeit, wenn Sie sie als »Zeit für mich« beanspruchen und dies auch Ihrem Umfeld mitteilen. Hierzu müssen Sie nicht verreisen oder alle Alltagspflichten abgeben, sondern sich einfach bewusst dafür entscheiden, gut für sich selbst zu sorgen.
Und: Gönnen Sie sich etwas! Eine ausgedehnte Schwimmsession mit anschließendem Saunabesuch, eine Stunde mit dem Personal Trainer Ihrer Wahl oder ein paar der besonderen Bio-Mangos, die Ihnen sonst immer »viel zu teuer« sind.

Ihr Terminkalender

Wenn Sie während des Programms zeitlich nicht zu eingespannt sind, erhöhen Sie Ihre Erfolgschancen und werden auch mehr Freude und Achtsamkeit erleben. Viel Stress bei der Arbeit, eine Vielzahl an familiären Terminen oder emotionale Auslastung aufgrund von Beziehungsproblemen? Vielleicht macht es in solchen Fällen Sinn, das Abnehmen nochmal um ein paar Wochen zu verschieben und stattdessen auf eine möglichst gesunde Ernährung zu achten, die auch gern schon einige der Rezepte des Smoothie-Programms beinhalten kann.
Allgemein fällt es den meisten leichter, mit Genuss abzunehmen, wenn sie Zeit und Freiraum haben, um sich auf ihr Wohlbefinden zu konzentrieren. Dann können Sie sich auch mal eine wohltuende Massage gönnen oder ganz in Ruhe und mit Liebe fürs Detail ein schönes Detox-Dinner für Ihre besten Freundinnen veranstalten. Andererseits natürlich ist eine hohe Auslastung in Familie und Beruf kein K. o.-Kriterium für das Smoothie-Programm, denn es zeichnet sich gerade durch seine Alltagstauglichkeit aus.

Im Einklang mit den Jahreszeiten

Neben dem eigenen Terminkalender kann auch der jahreszeitliche Rhythmus eine wichtige Rolle beim Start des Smoothie-Programms spielen. Der Winter ist beispielsweise weniger zum gezielten Abnehmen geeignet als Frühjahr und Sommer. Wird es

TIPP

DREI TIPPS FÜR DAS SMOOTHIE-PROGRAMM IM WINTER

Mehr Vielfalt durch Tiefkühlkost: Beim verringerten Angebot an frischem Obst und Gemüse kann im Winter gut zu Tiefkühlware, etwa bei Beeren oder (Blatt-)Spinat, gegriffen werden. Anders als bei Lebensmitteln in Dosen oder Gläsern bleiben hier die meisten Nährstoffe erhalten. Ist Ihnen nicht nach einem eiskalten Smoothie, können Sie dann warmes Wasser zur Zubereitung verwenden.

Heiße Snacks: Bereiten Sie sich einen großen Topf fettarmer Gemüsesuppe, zum Beispiel Kohlsuppe ▶ siehe Seite 83, zu. Wann immer Ihnen nun nach einer warmen Mahlzeit zum Aufwärmen ist, erhitzen Sie sich einfach eine Portion Suppe – sie macht satt, ohne zu belasten.

In Bewegung: Gerade im Winter brauchen wir oft besondere Motivation, um aktiv zu bleiben. Dabei kommt Ihnen ein Sportprogramm bei frostigen Temperaturen doppelt zugute: Es verbrennt zusätzlich Kalorien und bringt außerdem auch Ihren Kreislauf ordentlich in Schwung. So ist Ihnen den Rest des Tages über weniger kalt als sonst.

Der Winter kennt ganz andere Freuden als die wärmeren Jahreszeiten.

kälter, greifen wir automatisch öfter zu Fetten und warmen Gerichten. Das macht eine Abnehmkur nach den Weihnachtstagen zwar nicht unmöglich, bedeutet aber, dass wir dann mehr Willenskraft benötigen als ein paar Monate später zur Frühlingszeit.

Klare Abnehm-Ziele setzen

Wann und wie Sie das Smoothie-Programm durchführen, hängt zu einem großen Teil von Ihrer persönlichen Zielsetzung ab. Kneift die Hose nur ein wenig nach dem Festtagsessen? Dann entscheiden Sie sich vielleicht dafür, an den nächsten Tagen eine reguläre Mahlzeit durch Smoothies aus dem

Programm zu ersetzen oder eine kürzere Wochenendversion durchzuführen ▸ siehe Seite 117. Ist aus dem Kneifen allerdings längst schon ein »passt nicht mehr« geworden, bietet sich das ganz reguläre Sieben-Tage-Programm ideal an.

Geht es Ihnen darum, fünf oder mehr Kilos zu verlieren und anschließend auch gesunde Angewohnheiten zu etablieren, können Sie das Programm auf zwei oder sogar drei Wochen erweitern. Hierbei ist es noch wichtiger, auf Biorhythmus und persönliche Belastung beim Start des Programms zu achten, als wenn der Mixer nur ein paar Tage lang auf Hochtouren läuft. Der Test ab Seite 36 hat Ihnen bereits gezeigt, wo Sie stehen und welche Diät-Intensität für Sie optimal ist.

Den Startpunkt festlegen

Entscheiden Sie sich also einfach für einen Zeitpunkt, der Ihnen gut passt, sei es, weil es bei Ihnen beruflich gerade etwas ruhiger ist, Sie die Vielfalt saisonaler Lebensmittel im Sommer genießen möchten oder Sie die hartnäckigen Pölsterchen auf den Hüften keinen Tag länger ertragen wollen. Finden Sie mit etwas Planung das perfekte Timing für Ihr Smoothie-Programm. Denn Sie kennen Ihren eigenen Körper und Ihre ganz individuellen Kapazitäten am allerbesten. Beachten Sie auch, dass Sie eventuell auf kleine Entgiftungskrisen eingehen müssen. Etwas Freiraum für persönliche Bedürfnisse ist dann hilfreich.

Achtung: Detoxkrisen

Aufgrund der Detox-Wirkung des Programms kann es in den ersten Tagen zu kleinen Entgiftungserscheinungen wie anfänglichen Stimmungsschwankungen, Kopfschmerzen oder Hautunreinheiten kommen. Da es sich hier nicht um ein rein flüssiges Ernährungsprogramm oder eine Fastenkur handelt, findet nur eine sanfte Entgiftung mit stark abgemilderten Symptomen statt. Sollten Sie dennoch ein oder zwei Tage lang unangenehme Symptome feststellen, achten Sie gut auf sich: Gehen Sie den Alltag langsamer an, trinken Sie viel Wasser und gönnen Sie sich einen Saunagang oder eine Yoga-Stunde. Keine Sorge: Innerhalb kürzester Zeit tritt an die Stelle von Pickeln ein strahlender Teint und anstelle von Stimmungsschwankungen erleben Sie eine neue Ausge-

TIPP

SANFT ODER HERB?

Abhängig davon, wie viel Grünes Sie bisher gegessen haben, können Sie kräftigere Varianten wie Grünkohl, Brennnesseln oder Löwenzahn in den Rezepten anfangs auch durch mildes Grün wie Spinat oder Romanasalat ersetzen, bis sich Ihre Geschmacksknospen an die etwas bittere Note gewöhnt haben.

glichenheit und innere Ruhe. Außerdem sind die kleinen Krisen allein Anzeichen dafür, dass Ihr Körper wirklich arbeitet und Sie zukünftig weniger Ballast mit sich herumtragen werden.

Die Schlankmacher-Pyramide

Sicher interessiert Sie für Ihr Abnehm-Vorhaben am meisten, was genau Sie zu sich nehmen sollten. Als Alternative zur bekannten klassischen Ernährungspyramide zeigt Ihnen die Schlankmacher-Pyramide auf einen Blick, was im Smoothies-Programm speziell Verwendung findet.

Grünes Blattgemüse – Chlorophyll als Basis

Das oft vernachlässigte grüne Blattgemüse bildet die Basis dieser besonderen Ernährungs-Pyramide. Grund hierfür sind zum einen die vielen positiven Effekte, die Chlorophyll auf unsere Gesundheit hat, siehe ab Seite 20. Zum anderen machen auch seine weiteren Inhaltsstoffe das »grüne Multivitamin der Natur« zum perfekten Begleiter beim gesunden Gewichtsverlust. Die meisten Sorten sind reich an Antioxidanzien, Eisen und Kalzium, einem perfekten Mix zur Ankurbelung der Fettverbrennung, inneren Reinigung und Stärkung des Immunsystems, das beim Abnehmen mit anderen Diäten oft geschwächt wird. Bei einer Ernährungsweise mit viel Grünem hingegen

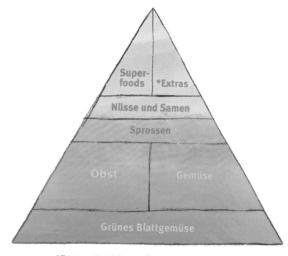

*Extras: Natürliche Würz- und Süßstoffe

Auf einen Blick ersichtlich: Wie viel wovon ist gut zum Abnehmen?

profitieren alle Systeme des Körpers. Selten erwähnt wird der hohe Eiweißgehalt von Grünem: In Relation zu seinem sehr geringen Kaloriengehalt ist es reich an leicht verwertbarem Eiweiß. Eine Portion Brokkoli, die 100 Kalorien liefert, bietet uns zum Beispiel fast 12 Gramm Protein, während es bei einem Stück Steak von derselben kalorischen Größe nur gut die Hälfte ist.

Bei der Auswahl und Menge an grünem Blattgemüse, das Sie während des Programms zu sich nehmen, sind allein Ihr Geschmack und Ihr Appetit ausschlaggebend. Wichtig ist einfach nur, dass jeden Tag etwas

Blaubeeren, die reinste Freude, kulinarisch ebenso wie gesundheitlich.

Grünes, entweder in Form eines grünen Smoothies oder im Detox-Gericht, konsumiert wird. Nur so können Sie seine positive Wirkung fortwährend nutzen.

Obst – Süße Energielieferanten

Im Vergleich zu Blattgrün und anderem Gemüse liefert Obst durch den hohen Zuckergehalt zwar mehr Kalorien, aber damit auch mehr Energie. Außerdem gewährleisten seine Ballaststoffe, dass wir uns während des Smoothie-Programms über Stunden gesättigt fühlen, und verringert dadurch auch die Gefahr, am Nachmittag durch Heißhunger über die Desserts in der Kantine herzufallen. Darüber hinaus halten die meisten Obstsorten den Abnehm-Vitalstoff Vitamin C parat,

der ein äußerst wichtiger Vermittler im Fettstoffwechsel ist. An sich können somit alle Obstsorten im Smoothie-Programm Verwendung finden. Nur bei Bananen und Trockenobst sollten Sie sich etwas einschränken, wenn Sie maximale Erfolge beim Gewichtsverlust erzielen möchten.

Einige Obstsorten stechen durch ihren einzigartigen Mix an Inhaltsstoffen aus der bunten Masse süßer Fatburner noch hervor und sind deshalb besonders gut für das Smoothie-Programm geeignet. Fünf fruchtige Schlankmacher werden hier vorgestellt:

ÄPFEL

»An apple a day keeps the doctor away«, heißt es im Englischen. Wenn ein Apfel allein schon Arztbesuche überflüssig macht, welche Auswirkungen hat dann wohl eine Ernährung mit drei, vier oder gar fünf Äpfeln pro Tag? Äpfel bieten weit mehr als eine knackige Krankheitsprävention in praktischer Verpackung. Sie enthalten die Fettkiller Vitamin C und Magnesium, sind reich an Antioxidanzien und Flavonoiden. Außerdem besitzen sie einen hohen Gehalt an Pektin, einem löslichen Ballaststoff, der die Verdauung fördert und schnell sättigt.

BEEREN

Diesen kleinen bunten Früchtchen kann so leicht niemand widerstehen. Während des Smoothie-Programms müssen Sie das auch gar nicht! Ganz im Gegenteil: Von Stachel-

44

über Brombeeren, Him- bis Blaubeeren, in all ihren Varianten enthalten sie viel Vitamin C und Magnesium, um die Fettverbrennung anzuregen. Und trotz ihres geringen Kaloriengehalts sind sie wahre Vitalstoffbomben mit besonders viel Antioxidanzien. Das heißt, sie unterstützen den Körper dabei, überflüssige Pfunde und Gifte loszuwerden. Einige Sorten wie Erdbeeren und Johannisbeeren sind auch gute Kalium- und Manganquellen, sodass sie mit geballter Kraft entwässern und Fett abbauen. Luxuriös, lecker und schlankmachend – Beeren können das ganze Jahr über genossen werden. Im Sommer kommen sie frisch auf den Tisch, im Winter aus dem Tiefkühlfach, denn beim Einfrieren bleiben die meisten Nährstoffe erhalten.

ZITRUSFRÜCHTE

Sie sind dafür bekannt, dass sie reichlich Vitamin C enthalten. Die Fatburner-Wirkung des Vitamins wird durch eine Vielzahl an Flavonoiden in den Früchten zusätzlich erheblich gesteigert. Alle Zitrusarten besitzen besondere gesundheitliche Wirkungen: Zitronenwasser am Morgen regt die Verdauung an und wäscht Gifte aus dem Körper heraus, Grapefruits senken den Insulinspiegel und sind damit ein Champion als Abnehm-Helfer, und eine Orange allein liefert mehr als 100 Prozent des täglichen Bedarfs an Vitamin C und mehr als 170 wertvolle sekundäre Pflanzenstoffe.

TIPP

ANANAS: UNBEDINGT FRISCH

Auch wenn Konserven verführerisch sind und die Verarbeitung einer ganzen Ananas ein wenig Arbeit macht, greifen Sie besser zur frischen Frucht. Nicht nur ein Teil der Nährstoffe, sondern vor allem auch das Enzym Bromelain gehen bei der Konservierung verloren. Außerdem sind Dosenfrüchte oft stark gesüßt.

ANANAS

Die Königin der Tropenfrüchte besticht durch einen einzigartigen Cocktail an Nährstoffen. Reich an Schlankmacher-Vitalstoffen wie Kalium, Zink und Magnesium verbirgt sie ihr großes Abnehmgeheimnis in ihrem tiefsten Inneren: Ihr Strunk enthält Bromelain, ein eiweißspaltendes Enzym, das die Verdauung von Eiweiß und seine Verarbeitung auf der Zellebene erleichtert. Ein weiterer entscheidender Punkt, warum sie bei der Mission Traumfigur nicht fehlen sollte: Sie wirkt appetithemmend.

PAPAYA

Wie die meisten anderen Obstsorten auch enthält sie viele Vitalstoffe, genauer Eisen, Provitamin A, Vitamin C sowie den Vitamin-B-Komplex. Ihr besonderer Beitrag zum Smoothie-Programm liegt aber in ihrer Enzymkraft: Sie liefert uns Papain, Chymopain, Lysozym und Lipase. Als Fett- und Eiweißspalter sorgen diese dafür, dass alle Makronährstoffe auch wirklich vom Körper verwertet werden. Und eine gute Verdauung sowie Verwertung von Eiweiß, Fetten und Kohlenhydraten resultiert auf lange Sicht in einem glücklichen Körper voller Energie und mit schlanker Taille.

Gemüse – Knackige Diät-Assistenten

Die hohe Nährstoffdichte dieser »Früchte des Feldes« macht Essen nach dem Regenbogenprinzip zum sicheren Mittel gegen überflüssige Pfunde: Nicht nur grünes Blattgemüse, sondern auch der farbenfrohe Rest der Gemüsefamilie besitzt sehr viele Nährstoffe und spielt dementsprechend eine wichtige Rolle beim Smoothie-Programm. Auch Gemüse ist reich an Ballaststoffen, sodass es trotz geringem Kaloriengehalt wunderbar satt macht. Fünf Top-Gemüsesorten für Fatburner-Smoothies folgen hier:

PAPRIKA

Knackig, frisch und lecker liefert schon eine rote Paprikaschote mehr als das Doppelte des Tagesbedarfs an Vitamin C. Auch die Antioxidanzien Vitamin E und Provitamin A enthält sie in hohen Mengen. Ihre leichte Süße ermöglicht es außerdem, sie in fruchtigen Smoothies zu verwenden.

TOMATEN

Sie passen nicht nur in Bloody Marys, sondern auch in fruchtig-würzige Smoothies. Unter ihrer prallen roten Haut verbergen sich viele Vitalstoffe und wenig Kalorien. Ihr Kalium entwässert, mit Kalzium, Zink und Magnesium ist außerdem ein Trio der Abnehm-Mineralien mit an Bord, die beim natürlichen Gewichtsverlust unabdingbar sind.

GURKEN

Ähnlich der Tomate ist dieses kühlende Kürbisgewächs weltweit eine der am häufigsten angebauten Gemüsearten – zum Glück für all diejenigen, die nach einem gesunden und günstigen Schlankmacher suchen. Sie besteht zu 95 Prozent aus Wasser und hat dementsprechend wenige Kalorien.

Tomatenvielfalt: farbenfroh, knackig und voller bester Vitalstoffe.

SELLERIE

Seit Langem als Heilpflanze bekannt, wird Stauden- und Knollensellerie wegen seiner beruhigenden Wirkung in der Volksmedizin gegen Nervosität eingesetzt. Er eignet sich aufgrund seiner Inhaltsstoffe aber auch perfekt als Ergänzung von Abnehm-Smoothies. Sellerie entschlackt durch einen sehr hohen Kaliumgehalt, regt die Verdauung und den Stoffwechsel an und ist damit ein wirkliches Turbogemüse für die Fettverbrennung. Zu alledem ist er auch noch reich an Antioxidanzien wie Vitamin C und Carotinen.

RADIESCHEN

Reich an ätherischen Ölen wirken sie verdauungsfördernd und schwemmen Wasser aus dem Körper. Ihr Verzehr erleichtert die Verdauung von stärkehaltigem Essen, sodass sie eine gute Ergänzung zu Nudel- oder Kartoffelgerichten darstellen. Überdies enthalten sie auch einige der Slimming-Vitalstoffe wie Vitamin C und Magnesium. Wer es etwas schärfer mag, dem sind diese kleinen Fatburner wärmstens empfohlen.

Sprossen

Nicht nur als Krönung auf dem Salat machen sie etwas her. Sprossen, die winzigen grünen Keimlinge aus unterschiedlichen Samen, sind kleine Nährstofffabriken der Natur. Mit einem sehr hohen Eiweißanteil, basischer Wirkung und starkem Sättigungseffekt dürfen sie im Smoothie-Programm

TIPP

GURKEN: MIT SCHALE

In der Schale von Gurken sitzt besonders viel Vitamin C. Deshalb sollten sie am besten ungeschält in Smoothies verwendet werden. Achten Sie beim Kauf möglichst auf Bio-Qualität, da Gurken im konventionellen Anbau meist einer regelrechten Giftdusche ausgesetzt sind.

natürlich nicht fehlen. Darüber hinaus bringen sie noch eine weitere ganz besondere Eigenschaft mit, um Ihren Abnehmerfolg zu gewährleisten: In diesem Übergangsstadium vom Samen zur Pflanze verdoppelt bis verfünffacht sich der Gehalt an Vitaminen und Mineralien. Zugleich liegen die Nährstoffe hier in der höchsten bioverfügbaren Form vor, sodass der Körper die geballte Vitalstoffkraft leicht aufnehmen und besonders gut verwerten kann.

Und als würden all diese positiven Eigenschaften noch nicht ausreichen, sind Sprossen zugleich Nahrungsmittel, die Sie kinderleicht und kostengünstig zu Hause heranziehen können. Alles, was Sie hierzu benötigen, sind ein Keimglas oder -gerät (aus dem Bio-Laden oder der Drogerie), einige Samen wie Alfalfasamen, Mungobohnen oder Sonnenblumenkerne sowie etwas

Keine Angst vor Nüssen: In Maßen genossen können die kleinen Kraftpakete mit ihren gesunden Fetten Sie sogar beim Abnehmen unterstützen.

Wasser und drei bis vier Tage Zeit. Wem dies dennoch zu aufwendig ist, für den stehen in Bio-Läden stets abgepackte frische Sprossen in mehreren Sorten bereit, die nur darauf warten, das i-Tüpfelchen eines kraftvollen Smoothies zu werden.

TIPP

NÜSSE: NOCH WERTVOLLER NACH DEM EINWEICHEN

Weichen Sie Nüsse und Samen vor dem Verzehr möglichst über Nacht oder für ein paar Stunden ein. Hierdurch werden sie nicht nur deutlich leichter verdaulich, sondern so erhöht sich auch die Bioverfügbarkeit ihrer Nährstoffe. Das Einweichen ist wie ein kurzes Vorkeimen.

Nüsse und Samen

Mit Begriffen wie Diät und Abnehmen werden diese Energiepakete selten in Verbindung gebracht. Das Fett in ihnen ist jedoch von der guten Sorte und kann Sie, in Maßen genossen, sogar beim Abnehmen unterstützen ▸ siehe Seite 19. Außerdem liefern Nüsse und Samen einiges an sättigendem Eiweiß, das den unschönen Heißhungerattacken vorbeugt und dadurch den Erfolg des Smoothie-Programms begünstigt.

Dort finden vor allem die folgenden Sorten Verwendung, die Sie am besten immer im Haus haben sollten:

- **Hanfsamen:** Top-Omega-3-Lieferanten. Sie besitzen einen höheren Proteinanteil als ein Steak und liefern alle essenziellen Aminosäuren, die mit der Nahrung aufgenommen werden müssen.
- **Kürbiskerne:** Beste pflanzliche Quelle für den Slimming-Vitalstoff Zink.

- **Leinsamen:** Sie sind überaus reich an Omega-3-Fettsäuren und enthalten außerdem verdauungsfördernde Ballaststoffe.
- **Mandeln:** Sie bieten besonders viel an Kalzium und Vitamin E.
- **Sesam:** Gute Kalzium- und Magnesiumquelle, liefert auch Eisen, Kupfer, Vitamin B1 und das Schönheitsvitamin Biotin.

Extras: Würz- und Süßstoffe

Natürliche Würzstoffe geben Smoothies geschmacklich oft das gewisse Extra, doch auch ihre Heilkraft und ihre Rolle beim Abnehmen sollten nicht ignoriert werden. So bringt Chili den Kreislauf in Schwung, erhöht die Energiegewinnung und den Grundumsatz. Es bewirkt auch, dass das Gehirn Endorphine ausschüttet, und bringt uns dadurch in gute Stimmung. Ingwer hilft bei Verdauungsbeschwerden und regt ebenfalls den Kreislauf an. Zimt wird gegen Magen-Darm-Beschwerden und Völlegefühl eingesetzt … Egal ob scharf oder mild, würzig oder sanft, über diese Zusätze in Smoothies freuen sich nicht nur unsere Geschmacksknospen, sondern am Ende auch ganz besonders unsere Taille.

Ähnlich sieht es bei natürlichen Zutaten aus, die Smoothies mehr Süße verleihen und damit gerade auch Zuckerfans und Naschkatzen das Programm schmackhafter machen. Auch sie liefern, anders als herkömmlicher weißer Zucker, sehr viel mehr, als auf den ersten Schluck bemerkbar ist.

UNSERE SÜSSEN SUPERSTARS

Stevia ist seit seiner EU-Zulassung Ende 2011 auf dem Siegeszug in kalorienbewusste Vollwert-Küchen. Es besitzt viele Antioxidanzien, aber kaum Kalorien. Außerdem wirkt es antibakteriell im Mund und ist, hat man sich an den lakritzartigen Geschmack gewöhnt, die perfekte Abnehm-Süße.

Xylitol sieht aus wie weißer Zucker, könnte von ihm jedoch nicht weiter entfernt sein. Der natürliche Zuckeraustauschstoff wird auch Birkensüß genannt, weil er unter anderem in der Rinde von Birken zu finden ist. Mit 40 Prozent weniger Kalorien als Haushaltszucker, prophylaktischer Wirkung gegen Karies und einem stabilisierenden Effekt auf den Insulinspiegel ist Xylitol natürliche Medizin und Süßungsmittel in einem.

Datteln und Rosinen eignen sich ideal für Smoothies, da der Mixer sie schnell zerkleinern kann. Um ihm dies zu erleichtern, können sie vorab auch für eine halbe Stunde oder länger eingeweicht werden. Sie liefern

TIPP

XYLITOL: MÖGLICHST NATÜRLICH

Sie sollten möglichst natürlich gewonnenes Xylitol verwenden beziehungsweise explizit darauf achten, dass es nicht aus gentechnisch veränderter Maisstärke hergestellt wurde.

Flüssig, wertvoll und herrlich süß: Agavensirup ist die perfekte Alternative zu Zucker.

Superfoods

Diese natürlichen Nahrungsergänzungsmittel mit besonders konzentrierter Pflanzenkraft stellen die Krone der Nahrungspyramide dar. Sie können, aber müssen nicht in die Smoothies integriert werden, denn durch die Vielfalt und Menge an frischem Obst und Gemüse, die Sie während des Programms zu sich nehmen, ist eine Intensivkur mit Vitalstoffen bereits gesichert. Wenn Sie dennoch Interesse an einem Vitalitätsbonus haben, können Sie ab Seite 28 mehr zu verschiedenen Superfoods erfahren.

Gesunde Snacks: Heißhunger vermeiden statt bekämpfen

Zu Snacks und Zwischenmahlzeiten gibt es unter Ernährungsexperten die unterschiedlichsten Meinungen. Die einen sind davon überzeugt, dass die Fettverbrennung erst ordentlich angekurbelt wird, wenn zwischen zwei Mahlzeiten mindestens vier, besser noch fünf Stunden Essenspausen eingelegt werden. Andere schwören auf viele kleine Mahlzeiten, die über den Tag verteilt gegessen werden. Und mit beiden Methoden können Erfolge verzeichnet werden, denn letztendlich gibt es nur einen wahren Kenner Ihres Körpers: Sie selbst.

Viele Faktoren wie Stoffwechsel und Gewohnheiten spielen dabei eine Rolle, dazu auch wie häufig am Tag Sie essen möchten oder müssen. Manche Menschen genießen

zusätzlich zur Süße viele Ballaststoffe und eine Reihe an Vitaminen und Mineralien. **Agavensirup**, das aus einem mexikanischen Kaktusgewächs gewonnene Extrakt, ist aufgrund seiner einfachen Dosierung und leckeren Süße mittlerweile in vielen Küchen zu Hause. Für ihn spricht ein sehr niedriger glykämischer Index und somit nur eine geringe Auswirkung auf den Blutzuckerspiegel – eine Eigenschaft, die gerade beim Abnehmen die Umstellung weg von zuckerhaltigen Produkten erleichtert.

es, wenige, aber dafür größere Mahlzeiten zu essen und verspüren zwischendurch auch keinen Hunger. Aber vielleicht gehören Sie zur Kategorie derer, die schon nach zwei Stunden ohne eine Kleinigkeit zu essen an ihre Schmerzgrenze gelangen und wegen schlechter Laune zu einer Gefahr für ihre Umwelt werden.

Deshalb: Essen Sie Ihrem Diättyp entsprechend – das gilt auch für Zwischenmahlzeiten. Denn Heißhunger entsteht vor allem dann, wenn wir über die Maßen hungern, bis unser knurrender Magen alle Argumente gegen den Nachmittagskuchen, den Schokoriegel aus dem Automaten oder die Chips vor dem Fernseher übertönt. Genießen Sie also lieber gesunde Snacks, anstatt sich nach einer Heißhungerattacke unnötig über sich selbst zu ärgern (denn Ärger macht genau wie Stress nur dick, nicht glücklich).

Im Rahmen des Smoothie-Programms werden Snacks in zwei Kategorien unterteilt: Sattmacher und Naschfreuden.

Sattmacher

Sie wirken dem kleinen Hunger entgegen, indem sie über Stunden sättigen und zugleich die Fettverbrennung anregen oder die Vitalstoffreserven auffüllen. Hierzu zählen eine Handvoll Edamame (Rezept Seite 52), fünf Haselnüsse oder Mandeln, eine kleine Portion Gemüsechips, Salat (Rezepte auf den Seiten 81, 87 und 110) oder Kohlsuppe (Rezept auf Seite 83).

SNACK IT!

Edamame sind ein noch relativ unbekannter, aber überaus wertvoller Snack: junge, grüne Sojabohnen, knackig und reich an Protein, Vitamin A und E, Kalzium sowie Eisen. Die Schoten gibt es, meist tiefgekühlt, in vielen Asia-Läden und mittlerweile auch in einigen Bio-Märkten.

INFO

NEUES SÄTTIGUNGSGEFÜHL

Für den Appetit gilt, dass er sich neu regulieren muss. So können Sie an den ersten Tagen des Programms öfter Hunger empfinden als gewöhnlich, da sich der Körper an die kalorienärmere und vitalstoffreiche Kost gewöhnen muss. Gesunde Snacks, wie sie hier vorgestellt werden, sind deshalb zu jeder Zeit erlaubt und bestärken nur Ihren langfristigen Erfolg mit dem gesünderen Lebensstil.

Viele lernen das neue Sättigungsgefühl schnell zu schätzen. Vorbei sind die Zeiten von Völlegefühl und Überessen, von Müdigkeit und fehlendem Antrieb nach schwer verdaulichen Mahlzeiten. An ihre Stelle treten Leichtigkeit und schier unbändige Energie – durch Nahrung, die Ihr Leben nährt statt erschwert.

Kinderleicht

EDAMAME ALS SNACK

400 g Edamame | Salz oder Chilisalz

1 Edamame in 1 l kochendem Salzwasser garen oder mit Dämpfeinsatz und etwas Wasser im Topf dünsten, beides etwa 5 Min. lang.
2 Anschließend können Sie mit grobem Meersalz oder Chilisalz (Fatburnturbo!) bestreut und serviert werden. Beim Essen die einzelnen Bohnen direkt aus der Schote in den Mund drücken. Das beschäftigt, macht Spaß, hält eine Zeit lang satt und ist einfach lecker!

Oder Sie probieren die Gemüsechips als hausgemachte und fettarme Alternative zu Kartoffelchips oder Salzstangen. Die lassen dem Heißhunger keine Chance.

Snack

GEMÜSECHIPS

2 Zucchini | 2 Rote Bete | 2 dicke Möhren | 2 TL Olivenöl | Meersalz | Pfeffer | Kräuter nach Geschmack (z. B. italienische Kräutermischung) | Chili- oder Currypulver

1 Den Backofen auf 200° vorheizen.
2 Gemüse mit einem Gemüsehobel hauchdünn schneiden, Möhren am besten länglich verwenden. Nun Olivenöl, Meersalz, Pfeffer und Kräuter unter die Gemüsescheiben mengen.

3 Alles möglichst wenig überlappend auf ein mit Backpapier ausgelegtes Backblech verteilen, sodass alle Stücke ungefähr gleich braun und knusprig werden können. Im Backofen für etwa 25 Min. backen.

Naschfreuden

Snacks dieser Art helfen gegen Heißhunger, der durch Unterzuckerung, aber häufig auch durch eine gewisse Gewöhnung an regelmäßigen Zuckerkonsum hervorgerufen werden kann. Herzhaftes ist in solchen Fällen selten eine befriedigende Alternative. Deshalb: Lieber gleich zu gesundem Süßem greifen! Hierunter fallen Obst wie Äpfel, Trauben und

INFO

TIERISCHES EIWEISS

Eiweiß ist ein guter Sattmacher und nährt unsere Muskeln. In Maßen können deshalb auch tierische Eiweißprodukte als Snacks verwendet werden: ein gekochtes Ei, ein Stück Räucherforelle, eine Dose Thunfisch, Obst mit Magerquark oder Tomaten mit Mozzarella. Da diese Produkte jedoch stets säurebildend auf den Körper wirken und damit den entgiftenden und harmonisierenden Effekt des Smoothie-Programms verringern, sind sie kein fester Bestandteil der Diät.

Ananas, ein paar Trockenpflaumen oder andere Trockenfrüchte, aber auch 25 Gramm dunkle Schokolade oder eines der leckeren Detox-Desserts ab Seite 112.

Drinks – Schlank getrunken

Beim Abnehmen ist regelmäßiges Trinken notwendig. Es hilft dem Körper, Schadstoffe auszuschwemmen, reduziert spürbar den Appetit und gewährleistet einen reibungslosen Stoffwechsel sowie die adäquate Versorgung der Zellen mit allen Nährstoffen.

Wasser, das Lebenselixier

Der beste Durstlöscher ist Wasser. Es ist ein Grundbaustein unseres Körpers. Die Tanks in unserem Inneren müssen aber immer neu aufgefüllt werden. Mindestens zwei Liter sollten wir daher täglich trinken. Im Sommer kann es sogar etwas mehr sein. Die Schlankmacher-Kraft kann noch verstärkt werden: Trinken Sie am besten immer morgens ein großes Glas Zitronenwasser auf nüchternen Magen. Es liefert den Fettverbrenner Vitamin C, regt die Verdauung an und weckt Ihren Stoffwechsel gehörig auf.

Ideale Durstlöscher

Auch wenn Sie fortan auf übersüßte Drinks und Alkohol verzichten wollen, haben Sie eine große Auswahl an Drinks der schmackhaftesten Art. Die folgenden eigenen sich besonders gut als Diät-Begleiter.

Grüner Tee gilt seit Jahrhunderten als harmonisierend für Körper und Geist.

GRÜNER TEE

In China seit Jahrtausenden geschätzt, sollte Grüner Tee während des Smoothie-Programms auch in Ihrem Haushalt nicht fehlen. Neben seinen vielen positiven Wirkungen auf Immunsystem, Konzentration und Leistungsfähigkeit, besitzt er auch stark fettverbrennende Eigenschaften und regt den Stoffwechsel an. In Form von Matcha-Pulver ist er außerdem eine wunderbare Fatburner-Zutat für Smoothies. Dieser japanische Genusstee wird auch von Zen-Mönchen seit Langem geschätzt.

DER START IN DIE
SMOOTHIE-WOCHE

An den Mixer, fertig, los! Oder: Noch schnell die nächsten Seiten lesen und optimal gerüstet die Smoothie-Zeit einleiten, denn hier erfahren Sie all die praktischen Tricks und Tipps, die Pannen, Pech und Problemzonen entgegenwirken.

Wichtig ist, wie meist im Leben, der Anfang der Unternehmung. Sanft und bewusst sollte auch der Einstieg ins Programm gestaltet werden. Denn je weniger es sich nach Pflicht und Zwang anfühlt, desto mehr Spaß bringt Ihnen die Zeit mit den bunten Smoothies, und desto leichter purzeln auch die Pfunde.

Sanfter Start – große Erfolge

Indem Sie an den Tagen vor der Diät ein paar einfache Veränderungen vornehmen, erleichtern Sie sich den Einstieg und erhöhen Ihre Chancen auf langfristigen Erfolg.

Drei Einstiegstage zuvor

Beginnen Sie drei Tage vor dem Diätstart mit der Umstellung auf frische pflanzliche Produkte und schränken Sie den Verzehr folgender Lebensmittel so weit ein, wie es Ihnen möglich ist. Damit stellen Sie sich schon auf die eigentliche Abnehmzeit ein – und werden vielleicht sogar staunen, wie schnell Ihr Wohlbefinden ansteigt.

KAFFEE

Von vielen als alltägliches Aufputschmittel geliebt, wirkt Kaffee leider stark säurebildend auf unseren Körper und gaukelt uns obendrein einen Energieschub vor – aber diese Energie fehlt uns kurz darauf. Als Alternative kann zum Beispiel Mate-Tee getrunken werden ▸ siehe Seite 54.

VERSTECKTER ZUCKER

Vor und während Ihres Smoothie-Programms sollten Sie Ihren Verzehr von konventionellen Süßigkeiten mit Zucker oder anderen Süßungsmitteln erheblich einschränken. Auch auf versteckten Zucker ist zu achten, denn er befindet sich beispielsweise in Fruchtjoghurts, Konserven, Limonaden und Fruchtnektar, Ketchup und Fertigprodukten sowie in vermeintlich gesunden Frühstückscerealien (Müsli sollten Sie deshalb am besten selbst zusammenmischen). Auch Trockenfrüchte sind mitunter zusätzlich gesüßt. Von Gesundheitsversprechen auf der Verpackung sollten Sie sich also nicht überzeugen lassen, bevor Sie nicht sorgfältig die Liste mit den Inhaltsstoffen studiert haben.

STARK VERARBEITETES GETREIDE

Weißmehl heißt: Nachdem all die guten Inhaltsstoffe des vollen Korns entfernt wurden, bleibt vor allem Futter für die lästigen Fettpölsterchen übrig – und das brauchen wir beim Abnehmen wirklich nicht. Deshalb sollten Sie Weiß- und Mischbrot, geschälten Reis, Gebäck und Weißmehl-Nudeln vermeiden. Auch Kartoffeln am besten nur als kleine Beilage essen, und dann fettarm und auch ohne Butter zubereitet.

FERTIGPRODUKTE

Schnell, light und am besten noch günstig, die Verlockungen sind groß. Doch zu welchem Preis? Fast immer gilt bei Fertigprodukten: Was wir an Zeit und Geld einsparen, zahlen wir in Gewicht wieder drauf. Denn die vielen künstlichen Extras bringen unseren Körper aus dem natürlichen Gleichgewicht: Geschmacksverstärker, Aromastoffe, Süßstoffe, Stabilisatoren und so fort. Unser Körper aber fordert richtige Nahrung. Er reagiert auf künstliche Süße mit mehr Hunger nach Süßem oder will bei Light-Produkten anschließend noch eine ordentliche Portion Zuschlag. Also lieber gleich vollwertige Nahrung wählen, die er gut verarbeiten kann und nach deren Verzehr ein richtiges Sättigungsgefühl einsetzt.

An sich handelt es sich hierbei um leere Kalorien. Sie machen uns vielleicht etwas lockerer, liefern unserem Körper jedoch keinerlei Nährstoffe. Stattdessen nehmen wir mit Bier oder Cocktails meist noch eine große Portion Dickmacher-Kohlenhydrate zu uns. Vor und während des Smoothie-Programms sollten Sie deshalb – wenn Sie nicht ganz verzichten möchten – auf ein Glas trockenen Wein ausweichen.

Es sind Genusstage!

Die drei Tage vorab bedeuten nicht nur Verzicht, sondern auch Vielfalt. Essen Sie möglichst viel Obst und Gemüse sowie andere vollwertige Lebensmittel. Integrieren Sie außerdem mindestens einen großen Salat, einen Smoothie oder ein Detox-Gericht (Rezeptideen ab Seite 77) in Ihren täglichen Essensplan. Ein Vorbereitungstag könnte zum Beispiel so aussehen:

- Morgens: Obstsalat oder Haferflocken mit (ungesüßtem) Joghurt und Beeren oder bereits ein großer Smoothie
- Mittags: ein großer Salat oder ein Stück Putenbrust mit reichlich Gemüse
- Abends: Fisch mit Kartoffeln, braunem Reis oder Vollkornnudeln oder einfach eine große Portion Gemüsesuppe

Mit einem solch abwechslungsreichen Speiseplan sind Sie ideal für das große Vitalstoff- und Abnehm-Abenteuer gewappnet, das Sie im Smoothie-Programm erwartet!

Equipment – Ihr Werkzeug für die Smoothie-Zeit

Einer der großen Vorteile von Smoothies gegenüber anderen gesunden Nahrungsmitteln: Sie sind kinderleicht und blitzschnell zubereitet. Auch Ihre Küche müssen Sie nicht komplett umgestalten, um sie in ein Smoothie-Paradies zu verwandeln. Das einzige Küchengerät, auf das Sie fortan nicht verzichten können, ist ein Standmixer. Mittlerweile gibt es unzählige Modelle in unterschiedlichen Preisklassen und mit verschiedenen Ausstattungsmerkmalen.

Der Standmixer

Für Einsteiger lohnt sich ein Mittelklassemodell mit einem starken Motor und guter Verarbeitung. Bei der Auswahl sollte auch auf eine hohe Drehzahl geachtet werden. Müssen Sie die Entscheidung zwischen zwei Modellen treffen, sollte die Drehzahl ausschlaggebend sein. 13 000 Umdrehungen pro Minute sollten es dabei mindestens sein, 20 000 und mehr sind ideal.

Vergleichen Sie einfach verschiedene Modelle in einer bestimmten Preisgruppe und berücksichtigen Sie bei Ihrer Entscheidung auch die Wattstärke des Motors, 600 Watt sollten nicht unterschritten werden. Wenn der Mixer zudem ein Volumen von mindestens einem Liter und einen Regler für verschiedene Geschwindigkeiten besitzt, ist er ideal für Ihre Trinkmahlzeiten.

Billiggeräte und Rührstäbe sind für die tägliche Smoothie-Herstellung leider wenig geeignet. Sie zerkleinern die Lebensmittel meist ziemlich schlecht, sind mit harten Zutaten leicht überfordert und gehen bei regelmäßiger Nutzung natürlich auch entsprechend schnell kaputt.

Preislich am oberen Ende der Skala befinden sich sogenannte Power-Blender oder Hochleistungsmixer mit mehr als 30 000 Umdrehungen pro Minute und echter Pferdestärke. Mit ihnen können Smoothies noch schneller und noch cremiger zubereitet werden, aber zum Einstieg sind diese Geräte nicht notwendig. Die Investition lohnt sich – beim Preis eines guten Fahrrads – nur für wahre Smoothie-Enthusiasten. Aber vielleicht gehören Sie ja bald dazu.

Ein hochwertiger Mixer zaubert schmackhafte Smoothies, die sich bestens verdauen lassen.

TIPP

REINIGUNG IM HANDUMDREHEN

Selbst die Reinigung des Mixers ist schnell und einfach: Füllen Sie ihn direkt nach der Benutzung zur Hälfte mit warmem Wasser und einem Spritzer Spülmittel. Schalten Sie ihn kurz an und schauen Sie dem Mixer beim »Abwaschen« zu. Anschließend muss er nur noch einmal gründlich ausgespült werden, und schon ist er wieder für Sie einsatzbereit.

Messer, Bretter & Co.

Neben dem Standmixer benötigen Sie nur Equipment, das in den meisten Küchen ohnehin bereits vorhanden ist. Ein scharfes Messer sowie ein gutes Schneidebrett, am besten aus Holz oder Bambus, das nur für Obst und Gemüse reserviert ist, sollten Sie stets zur Hand haben. Auch eine Zitruspresse, manuell oder elektrisch, und eine Zitrusschalen- oder Ingwerreibe kommt bei vielen Smoothies gelegen.

Das Wesentliche vor, bei & nach dem Mixen

Smoothies herzustellen ist einfach und völlig problemlos. Ein paar grundlegende Infos allerdings können Ihnen die Freude an den Powerdrinks noch vergrößern. Hier daher das Wichtigste noch einmal gesammelt.

Vor dem Mixen

Entscheidend vor dem Mixen ist die Auswahl der Zutaten. Ab Seite 43 haben Sie bereits das Wesentliche dazu erfahren. Machen Sie sich die Freude und genießen Sie das Beste vom Markt oder aus dem Angebot der (Bio-)Bauern und Gärtner Ihrer Region.

VIELFALT NUTZEN

Smoothies genießen, bedeutet Vielfalt zu schätzen. Da die Abnehm-Drinks des Programms frei von Zucker, Sahne & Co. sind, muss der besondere Geschmack jeder Frucht und jedes Blattes nicht mit ungesunden Extras konkurrieren. Die Smoothie-Zeit ist Ihre persönliche Einladung zum kulinarischen Streifzug durch die Obst- und Gemüse-Landschaft. Nicht nur bei den Tropenfrüchten gibt es viel zu entdecken, wie zum Beispiel die farbenfrohe Pitahaya oder die leuchtende Sternfrucht – auch die heimischen Sorten stecken voller Überraschungen. In Deutschland gibt es weit über 1 000 Apfel- und 700 Birnensorten, jede gibt Ihrem Smoothie eine ganz eigene Note.

AUCH MAL TIEFGEKÜHLT

Tiefgefrorene Zutaten wie Blattspinat oder Beeren sind auch erlaubt. Ihr Nährstoffgehalt muss sich nicht verstecken, allein leistungsschwächere Mixer könnten Probleme bekommen. Dann einfach ein bisschen auftauen lassen oder lauwarmes Wasser für den Smoothie verwenden.

Beim Mixen

Machen Sie es sich und Ihrem Mixer leicht. Mit den folgenden Hinweisen wird schon die Smoothie-Herstellung zum Genuss.

SAMEN UND NÜSSE EINWEICHEN

Im trockenen Zustand besitzen diese Powergaben der Natur Enzymhemmer, die ihre Verdaulichkeit beeinträchtigen. Deshalb sollten sie vor der Verwendung am besten über Nacht oder einige Stunden in der doppelten Menge Wasser eingeweicht werden. Dann vorm Mixen das Wasser abgießen und die Nüsse und Samen nochmals gründlich abspülen. So verwendet sind sie nicht nur vom Mixer, sondern auch vom Körper leichter zu verarbeiten.

RICHTIG SCHICHTEN

Von den Zutaten sollten immer zuerst die weicheren Früchte klein geschnitten in den Mixer gegeben werden. Die anderen Zutaten werden danach hinzugefügt. Zum Schluss folgt die Flüssigkeit, da sie leicht durchsickert und alles miteinander verbindet. Beim

Mixen kann ein Stopfer helfen, mit dem durch eine Öffnung im Deckel die Zutaten heruntergedrückt oder umgerührt werden.

ZU HART FÜR IHR GERÄT?

Wenn Ihrem Mixer die Leistungsstärke für harte Zutaten wie Möhren oder Rote Bete fehlt, raspeln Sie diese vor dem Mixen. Andere Zutaten sollten Sie klein schneiden, Trockenfrüchte wie Datteln und Rosinen 30 bis 60 Minuten vor der Verwendung einweichen. Nüsse und Samen können vorab auch

Die Smoothie-Zutaten in ihren schönen Farben erfreuen alle Sinne.

TIPP

ICED SMOOTHIE
Im Sommer ist es ein besonderer Genuss, die Zutatenliste um Eiswürfel oder Crushed Ice zu ergänzen. So kreieren Sie schnell ein kühlendes Getränk für heiße Tage.

gemahlen werden, wenn sie sonst nicht richtig verarbeitet werden. All das erleichtert dem Mixer die Arbeit und verlängert dabei auch seine Lebensdauer. Mit einem der Mittel- oder Oberklasse-Geräte allerdings dürfte es keine Probleme geben.

TROTZDEM HAKT ES?

Der Grund liegt meist bei einem der folgenden Punkte: Entweder ist zu wenig Flüssigkeit im Behälter, er ist zu voll gepackt, sodass sich nichts bewegt, oder aber die Fruchtstücke und Blätter sind zu groß für das Schneidewerk und blockieren es.

DIE »LAUFZEIT«

Sie hängt beim Smoothie-Mixen stark vom Gerät ab. Hochleistungsmixer brauchen nicht mehr als eine halbe Minute. Wenn Ihr Mixer sich mehr Zeit lässt, machen Sie zwischendurch Pausen und rühren ein paar Mal im Gefäß, damit Luftlöcher vermieden werden und sich der Motor nicht überhitzt.

Nach dem Mixen

Nicht nur die Zubereitung, auch das Trinken sollte Ihnen natürlich Freude bereiten. Da Sie bei der Herstellung gegenüber dem Kochen von Mahlzeiten viel Zeit sparen, können Sie sich ruhig mit Bedacht der Präsentation Ihres Health Drinks widmen. Eine Erdbeere, Orangenscheibe oder Physalis zur Dekoration, ein besonders schönes Trinkglas und vielleicht sogar ein toller Trinkhalm aus Glas – verwandeln Sie Ihren Smoothie in ein ganz besonderes Erlebnis für Augen und Gaumen. Denn beim Abnehmen sind stets viele Sinne beteiligt.

IMMER WIEDER RÜHREN

Schnell setzen sich verschiedene Schichten beim Smoothie ab. Das muss Sie aber nicht weiter stören. Für eine ideale Konsistenz rühren Sie einfach nach einer Zeit kurz um oder schütteln das Getränk neu durch. Und bald ist es sowieso verputzt.

KAUEN NICHT VERGESSEN!

Bald werden Sie es selbst erleben: Smoothies sind vollwertige Mahlzeiten. Und sie wollen gekaut werden. Jeder Schluck sollte ein paar Mal im Mund hin und her bewegt werden. Das fördert einen bewussten Genuss, verdeutlicht Körper und Geist, dass es sich um eine vollwertige Mahlzeit handelt, und verbessert die Verdauung, indem es entsprechende Enzyme aus dem Speichel mit der Nahrung vermischt.

Verwandlungskünstler: Rezepte umwandeln

Vieles spricht für Smoothies – auch die Tatsache, dass die Rezepte nahezu unendlich variiert oder erweitert werden können.

> Egal ob Sie es süßer, grüner, flüssiger oder fruchtiger mögen – jedes Rezept wartet nur darauf, dass Sie neue Variationen kreieren.

So leicht lassen sich Rezepte immer wieder umwandeln

- Obstsorten lassen sich durch ähnlich süße Arten ersetzen, wenn Sie manches nicht mögen oder vertragen. Erdbeeren werden so von Brombeeren vertreten, Äpfel von Birnen und so weiter.
- Anstelle von bitterem oder sehr kräftigem grünem Blattgemüse können Sie milde Sorten wie Spinat, Romana- oder Feldsalat verwenden. Umgekehrt gilt für Freunde des grünen Geschmacks: Ersetzen Sie Spinat & Co. einfach durch Brennnesseln,

Grünkohl oder Löwenzahn und erhöhen Sie den Anteil von Grünem im Smoothie.

- Superfoods (siehe ab Seite 28): Sie können zu allen Rezepten hinzugefügt werden, wobei zu Beginn mit geringen Mengen experimentiert werden sollte.
- Ihrem Geschmack entsprechend können Sie die Smoothies süßen. Hierfür stehen Ihnen eine Vielzahl an natürlichen Süßungsmitteln zur Verfügung, siehe ab Seite 49. Übertreiben sollten Sie es aber mit der Extra-Süße nicht, sondern sich lieber allmählich an weniger Süßung gewöhnen.
- Auch bei Nüssen und Samen können Sie variieren, sollten jedoch die Mengen aufgrund des erwünschten Gewichtsverlustes nicht wahllos erhöhen.
- Mandelmilch lässt sich durch andere Nussmilch ersetzen. Anstelle von Kokosnusswasser kann auch reines Wasser verwendet werden, wobei der Smoothie dann jedoch um einige Vitalstoffe ärmer ist.
- Die Konsistenz des Mixes beeinflussen Sie durch die Zugabe von Wasser oder Flüssigkeit: Je weniger, desto zähflüssiger oder cremiger wird das Endergebnis. Von Pudding bis Drink ist alles erlaubt.

Gelöffelte Smoothies: Suppen, Puddings und Eiscreme

Abwechslung im Diät-Alltag kann vor dickmachenden Verlockungen schützen. Eine Möglichkeit ist die Zubereitung von energie-

Saftige, reife Früchte locken vor allem im Sommer mit ihrer aromatischen Süße.

spendenden Suppen, Puddings und Eiscremes. Genau wie bei Smoothies handelt es sich hierbei um schnelle Mahlzeiten, aber in Konsistenz und Geschmack unterscheiden sie sich mitunter sehr stark von ihren bekannteren smoothen Verwandten.

Vital-Suppen

Für alle, die eine Pause von fruchtig-süßen Smoothies brauchen, sind diese herzhaften Suppen – ebenfalls voller Vitalstoffe – ein Gewinn. Damit die Nährstoffe weitestmöglich erhalten bleiben, werden sie kalt gegessen, können aber auch schonend erwärmt werden, wenn Sie frieren oder frösteln. Die Suppen sollten dann aber keinesfalls kochen, sondern bestenfalls im Bereich der Körpertemperatur bleiben.

SCHARFE TOMATE

350 g Kirschtomaten | 3 Stängel glatte Petersilie | 1 Knoblauchzehe | 1 Frühlingszwiebel | 1 Bio-Limette | ½ rote Chilischote | 1 Prise Cayennepfeffer | 1 TL Agavendicksaft | 1 TL Olivenöl | 3 getrocknete Tomaten | Meersalz | Pfeffer | ¼ gelbe Paprikaschote

Zubereitungszeit: ca. 15 Min.

1 Die Kirschtomaten waschen und grob würfeln. Petersilie waschen, trocken schütteln und 2 Stängel grob hacken, Knoblauch abziehen und halbieren. Frühlingszwiebel waschen und ebenfalls grob schneiden. Die Limette entsaften. 3 Kirschtomaten, 1 Petersilienstängel und die Paprikaschote für die Einlage beiseite stellen.

2 Alle übrigen Zutaten und Gewürze in den Mixer geben und pürieren. Bei Bedarf 100 ml Wasser hinzufügen. Ansonsten mit dem Stopfer nachhelfen, damit sich alles gut vermischt.

3 Die Suppe in kleinen Schüsseln anrichten. Für die Einlage die 3 Kirschtomaten halbieren, Paprikaschote klein schneiden und Petersilienblätter abzupfen. Die Suppe damit garnieren.

Kalorienärmer als der Klassiker

BLUMENKOHL-MISO-SUPPE

¼ mittelgroßer Blumenkohl | ½ Zitrone |
1 EL Miso-Paste | 4 Mandeln | 1 Prise Curry |
150 ml Mandelmilch | Meersalz | Pfeffer aus
der Mühle | 1 Stängel glatte Petersilie

Zubereitungszeit: ca. 10 Min.

1 Blumenkohl waschen, Strunk und Blätter entfernen. Anschließend in kleine Stücke zerteilen.
2 Die Zitrone auspressen. Den Blumenkohl,
den Zitronensaft, die Miso-Paste, die Mandeln,
den Curry und die Mandelmilch im Mixer zu einer cremigen Masse verarbeiten.
3 Nach Belieben mit Salz und Pfeffer nachwürzen. Petersilie waschen, abtropfen lassen und
fein hacken. Suppe in einer Schüssel anrichten,
mit der Petersilie garnieren.

WÜRZPASTE MISO

Miso-Paste wird meist aus fermentierten
Sojabohnen, Weizen oder Reis hergestellt.
Im unpasteurisierten Zustand enthält sie
auch natürliche Milchsäurebakterien, die
unsere Verdauung fördern.

Power-Puddings

Für Naschkatzen und Genussmenschen. Außerdem perfekt, um Vitamine im Dessert zu verstecken oder mit einem Mitbringsel fürs Büffet einer Dinnerparty zu glänzen, auch wenn die Zeit knapp ist.

▶

Für Schokoliebhaber auf Diät
SCHOKOLADIGE BIRNENCREME

2 Birnen | ½ Avocado | 1 Vanilleschote | 2 TL Carob- oder Kakaopulver | 1 EL Rosinen

Zubereitungszeit: ca. 10 Min.

1 Die Birnen klein schneiden, Stiel und Kerne entfernen. Die Avocadohälfte entkernen und das Fruchtfleisch aus der Schale schaben. Die Vanilleschote längs aufschneiden und mit einem Messer das Mark herauskratzen.
2 Alle Zutaten mit etwa 70 ml Wasser mixen, bis der Pudding cremig wird.

Besonders schön anzusehen
SONNENUNTERGANG

2 Mangos | ½ Avocado | 1 Bio-Orange | 200 g Himbeeren (frisch oder TK) | 1 TL Agavensirup

Zubereitungszeit: ca. 10 Min.

1 Die Mangos schälen, entkernen und Fruchtfleisch grob würfeln. Die Avocadohälfte ebenfalls entkernen und das Fruchtfleisch aus der Schale schaben. Die Orange entsaften.
2 Alle Zutaten bis auf 50 g Himbeeren im Mixer cremig pürieren. Wenn nötig, ein paar EL Wasser hinzufügen. Pudding in Schüsseln füllen und mit den restlichen Himbeeren garnieren.

Jederzeit-Eis

Für Sommerfans und alle, die zu ihrem Eis keine Portion schlechtes Gewissen serviert bekommen wollen. Und der Name ist Programm: Dieses Eis ist zu jeder Tageszeit ausdrücklich erlaubt! Genießen Sie es, um sich eine Freude zu machen.

Vitalkraft für heiße Tage

HIMBEERSORBET

½ Bio-Zitrone | 300 g TK-Himbeeren | 1 EL Agavensirup

Zubereitungszeit: ca. 5 Min.

1 Die Zitrone auspressen. Saft zusammen mit den restlichen Zutaten in den Mixer geben. Etwa 70 ml Wasser hinzufügen, damit sich alles gut vermischt. Wenn nötig, Stopfer benutzen, um die Himbeeren herunterzudrücken.
2 Das fertige Himbeer-Sorbet sofort genießen oder bis zum Servieren ins Tiefkühlfach stellen.

Chlorophyll auch im Dessert

HEALTHY GREEN

2 ½ Äpfel | 1 Banane | 1 Handvoll Spinat | 3 Stängel frische Minze | ½ Limette | 1 EL Agavensirup

Zubereitungszeit: ca. 10 Min.
Gefrierzeit: ca. 4 Std.

1 2 Äpfel vierteln, entkernen und klein schneiden. Die Banane schälen und halbieren. Beides für einige Stunden oder über Nacht ins Tiefkühlfach legen, bis das Obst gefroren ist.
2 Den Spinat und 2 Stängel Minze waschen und abtropfen lassen. Minzblätter abzupfen. Die Limette auspressen.
3 Alle Zutaten bis auf den halben Apfel und die restliche Minze in den Mixer geben. Beim Pürieren nach und nach etwa 70 ml Wasser hinzufügen, bis eine cremige Masse entsteht. Wenn nötig mit dem Stopfer die Zutaten herunterdrücken und umrühren.
4 Das Eis in Dessertschalen geben. Den halben Apfel in hauchdünne Scheiben schneiden oder hobeln, den übrigen Minzstängel waschen und die Blätter abzupfen. Das Eis mit den Apfelscheiben und den Minzblättern dekorieren.

TIPP

SÜSSER SUPERSNACK AUS SMOOTHIERESTEN

Eine etwas andere Art, Eis zu machen: Befüllen Sie Stieleis-Formen mit Überresten von fruchtigen Smoothies. Dann ab damit in den Tiefkühler, so haben Sie zukünftig ein gesundes Smoothie-Eis auf Lager, wenn der Hunger auf Süßes kommt.

Aufbewahrung & Haltbarkeit

Meistens schmecken Smoothies frisch aus dem Mixer am besten. Wer dennoch plant, sie für ein paar Stunden aufzubewahren, um sie zum Beispiel mit ins Büro zu nehmen, sollte sie sofort in ein gut verschließbares Glasgefäß oder eine Thermoskanne umfüllen und im Kühlschrank verstauen. Sie oxidieren zwar langsamer als frische Obst- und Gemüsesäfte, doch gekühlt bleiben einfach die meisten Vitalstoffe erhalten. Außerdem verändern sich allmählich auch Farbe, Geschmack und Konsistenz. Ein bis zwei Tage können sowohl grüne als auch fruchtige Smoothies jedoch problemlos aufbewahrt werden. Gleiches gilt für Vital-Suppen und Power-Puddings. Einer Zubereitung auf Vorrat steht somit nichts im Wege.

Smoothies auf Achse: Tipps fürs Büro und unterwegs

Smoothies sind wunderbar mit einem hektischen Alltag zu vereinbaren. Sie sind schnell zubereitet und eignen sich für unterwegs und fürs Büro genauso wie für zu Hause. Deshalb können Sie auch, wenn Sie viel unterwegs sind, mit etwas Vorbereitung und Planung das Smoothie-Programm durch-

TIPP

SO HOLEN SIE DAS BESTE AUS IHREN SMOOTHIES HERAUS

Ab in die Kühlung: Egal ob am Arbeitsplatz oder zu Hause, wenn möglich sollten grüne wie fruchtige Smoothies stets im Kühlschrank aufbewahrt werden.

Gute Konsistenz: Vor dem Genuss rühren oder schütteln, wenn der Smoothie schon länger gelagert wurde.

Plötzlich viel zu dick? Einige Zutaten wie Trockenfrüchte, Lein- oder Chia-Samen binden mit der Zeit sehr viel Flüssigkeit. In diesem Fall einfach etwas Apfelsaft, Kokosnusswasser oder Mandelmilch ins Gefäß geben, noch mal zuschrauben und schütteln. Gerade im Büro ist auch ein stilles Mineralwasser geeignet.

Zu viel Smoothie? Das Problem tritt bei Smoothie-Enthusiasten selten auf. Wenn Sie den Rest jedoch mit niemandem teilen können und auch in den nächsten Tagen nicht verzehren werden, frieren Sie ihn am besten ein. Wenn Sie ihn in eine Eiswürfelform füllen, können Sie die Eiswürfel zu einem späteren Zeitpunkt einfach in den Mixer geben und mit etwas Flüssigkeit im Handumdrehen einen frischen Smoothie zaubern.

führen, ohne dass Sie sich dafür eine komplette Auszeit nehmen müssen. Die folgenden Tipps helfen Ihnen dabei:

- **Allzeit bereit.** Unterwegs sollten Sie stets etwas Gesundes zu knabbern dabei haben, wie einen Apfel oder eine zuckerfreie Fruchtschnitte. Das schützt vor den großen und kleinen Dickmacher-Verlockungen, die Ihnen überall begegnen werden.
- **Quick & easy.** Während des Smoothie-Programms bereiten Sie sich morgens und mittags unterschiedliche Drinks zu. Wer zur Arbeit muss, wird beide morgens herstellen, was zwar flott geht, aber eben doch ein bisschen Zeit braucht. Die jedoch können Sie verkürzen, indem Sie einfach eine doppelte Portion des Frühstückssmoothies machen und die Hälfte mit zur Arbeit nehmen. Das bringt zwar etwas weniger Abwechslung, kann aber an besonders stressigen Tagen das Ausweichen auf die Kantine vermeiden.
- **Auswärts essen.** Ob Geschäftsessen oder Dinner mit Freunden, auch ein Restaurantbesuch kann ins Programm passen. Wählen Sie dabei viel frisches Gemüse, gedünstet oder gegrillt, und wenn Sie mögen noch ein mageres Stück Fleisch, eiweißreiche Meeresfrüchte oder guten Fisch. Halten Sie sich am besten von Weißbrot, fettigen Soßen und Dips fern. Eine kleine Portion ungeschälter Reis oder Vollkornnudeln ist erlaubt, Kartoffeln nur bei fettarmen Gerichten und nicht frittiert

TIPP

AUFGEPASST UNTERWEGS
Hinter vermeintlichen Gesundheitsdrinks können sich auch Kalorienbomben voller Eiscreme, Sahne oder Zucker verbergen. Fragen Sie einfach vor der Bestellung danach, was sich genau im Smoothie Ihrer Wahl verbirgt. Oft werden bei einer netten Bitte ungesunde Dickmacher auch einfach weg gelassen.

- **Kantinenleben.** Ähnliche Regeln sollten Sie auch in der Kantine oder beim Mittagstisch im Restaurant anwenden. Wenn Sie auch im Smoothie-Programm nicht aufs Mittagessen mit Kollegen verzichten möchten, essen Sie Gemüsegerichte (aber ohne Nudeln und Frittiertes) oder Salat mit einer Essig-Öl-Vinaigrette. Genießen Sie dann einfach morgens und abends die Smoothie-Power.
- **Geschmacksprobe.** Nehmen Sie doch auch mal eine größere Portion Ihres Lieblings-Smoothies mit in die Firma, dann können kritische Kollegen direkt probieren. Ein guter Vitaldrink entwaffnet jeden Skeptiker! Und wenn Sie dann Verbündete gefunden haben, nimmt es sich gleich noch mal leichter ab.

SHOPPING MIT PLAN: DIE EINKAUFSLISTE

Am leichtesten fällt Ihnen das Smoothie-Programm, wenn der Kühlschrank und
die Küchenschränke die ganze Woche über voller vitaler Köstlichkeiten stecken,
die Pfunde zum Schmelzen bringen und Ihren Gaumen jauchzen lassen.

Eine Woche Smoothie-Diät, diese Zeit wird
Sie etwas häufiger auf den Markt oder in den
Bio-Laden führen. Denn viele der Zutaten
sollten Sie alle paar Tage frisch kaufen. So
kommt es nicht zu einer unnötigen Ver-
schwendung frischer Lebensmittel und Sie
bemerken auch frühzeitig, welche Zutaten
Sie auf der einen Seite lieber weglassen oder
ersetzen möchten und wovon Sie auf der anderen Seite nicht genug kriegen können.

Leichte Abwandlungen lassen sich bei dieser
Diät schnell und problemlos umsetzen, so
können Sie beispielsweise Obstsorten austauschen oder ganze Gerichte durch etwas
aus dem Rezeptepool ab Seite 95 ersetzen.
Denn Sie sollen sich auf jede einzelne Mahlzeit freuen können.
Wie von allein werden Sie schnell eigene
Kreationen zusammenstellen und sich so
durch all die köstlichen Variationsmöglich-
keiten von Frischem und Buntem, Knacki-
gem und Leckerem durchprobieren.

VORRATSKAUF

Diese Lebensmittel können Sie problemlos
vor dem Start des Programms auf Vorrat
kaufen. Einige davon haben Sie bestimmt
ohnehin schon parat.

Obst

15 bis 20 Bio-Zitronen
6 Bio-Orangen
2 Bio-Limetten

Gemüse

7 Möhren
1 Knolle Knoblauch
300 g Weißkohl
3 Zwiebeln
1 rote Zwiebel
1 großes Stück Ingwer

Trockenfrüchte & Süßes

ca. 250 g Rosinen
ca. 100 g Goji-Beeren
ca. 250 g entsteinte Datteln
100 g getrocknete Aprikosen
1 Tafel dunkle Schokolade (ab 70 % Kakao)
Agavensirup oder eine der Süßungsalternativen ab Seite 49

Samen & Nüsse (je ca. 100 g)

Hanfsamen oder gemahlener Hanf
Walnüsse
Sonnenblumenkerne
Kürbiskerne
Leinsamen (möglichst goldener)
Mandeln

Getränke

1 l Mandelmilch (▸ siehe Seite 55)
1 Flasche (750 ml) Kombucha
600 ml Kokosnusswasser
Kamillentee
Früchte- und Kräutertees nach Wahl
Mate-Tee
Grüner Tee
50 g Matcha-Pulver

100 ml Sanddornsaft
300 ml Cranberrysaft

Öl & Essig

Kokosöl
Olivenöl
Sesamöl
Apfelessig

Gewürze & Würzmittel

Zimt
Carob
Gemüsebrühe
Currypulver
Cayennepfeffer
Meersalz, Pfeffer
mittelscharfer Senf
Muskatnuss
Kümmel
Lorbeerblätter
Lavendelblüten (alternativ: Lavendeltee)
4 Vanilleschoten
Sojasoße
Tomatenmark
250 ml ungesüßte Kokosmilch

Getreide

200 g Quinoa
200 g Naturreis
100 g Vollkornmehl

Tofu

250 g Räuchertofu (für Diättyp Light)
250 g Natur-Tofu

FRISCHE ZUTATEN

Die Rezepte liefern jeweils eine großzügige Portion. Wenn Sie Freunde oder die Familie in den Genuss kommen lassen möchten, erhöhen Sie die Mengen entsprechend. Die hier angegebenen Zutaten sind somit das absolute Minimum, nach oben gibt es keine Grenzen. Ergänzen Sie diese Liste unbedingt auch um Obst und Gemüse, das Ihnen als Snack eine Freude bereiten würde. Und was Ihnen nicht schmeckt, wird einfach durch eine Alternative ersetzt.

ERSTER UND ZWEITER TAG

Obst

200 g dunkle Weintrauben

2 Bananen

1 Ananas

200 g Erdbeeren (frisch oder TK)

2 Äpfel

250 g Pflaumen

Selbst das Einkaufen all der knackigen und farbenfrohen Smoothie-Zutaten macht Freude.

Gemüse & Kräuter

200 g Feldsalat

1 Packung Stangensellerie (insbesondere für
Diättyp Turbo)

350 g Blattspinat (frisch oder TK)

1 rote Paprikaschote

2 Tomaten

1 Gurke

1 kleiner Bund Minze

1 Avocado (besonders für Diättyp Light)

100 g Kirschtomaten

100 g Sprossen

40 g Löwenzahn (für Diättyp Turbo)

1 kleiner Bund Dill

Fisch (Option für Diättyp Light)

1 Portion gebratene oder geräucherte Forelle

DRITTER UND VIERTER TAG

Obst

3 Birnen

200 g Himbeeren (TK)

1 Grapefruit (insbesondere für
Diättyp Turbo)

1 Mango

3 Äpfel

1 mittelgroße Wassermelone

1 Pfirsich

3 Feigen (frisch oder getrocknet)

Gemüse & Kräuter

40 g Brennnesseln

200 g Mangold

1 kleiner Bund oder 1 Topf Basilikum

300 g Weißkohl

3 Tomaten

1 kleiner Rotkohl

1 Avocado

100 g Sprossen nach Wahl

400 g Brokkoli

FÜNFTER BIS SIEBTER TAG

Obst

1 Papaya (etwa 300 g)

7 Äpfel (davon mindestens 1 grüner Apfel)

200 g Himbeeren (frisch oder TK)

3 Bananen

1 Birne

300 g Kirschen

4 Pfirsiche

150 g Blaubeeren

Gemüse

50 g Mangold

30 g Brennnesseln

100 g Feldsalat

300 g Blattspinat (frisch oder TK)

2 große rote Paprikaschoten

150 g Petersilie

6 Tomaten

1 Zucchino

1 Avocado

1 Pok Choi

500 g Blumenkohl

2 Frühlingszwiebeln

300 g Champignons

Treue Diät-Begleiter: Bewegung und Ruhe

Es kann nicht oft genug betont werden: Ernährung ist nur die eine Seite der Abnehm-Medaille. Auf der anderen steht nichts – da ist alles in Bewegung! Denn viel wirksamer als Kalorien zu zählen, ist es, Kalorien zu verbrennen.

Und wie immer beim Programm gilt auch hier, dass Freude Sie dabei begleiten sollte. So bringen Sie Ihren Stoffwechsel und die Fettverbrennung genauso in Schwung wie Ihre Laune. Obendrein erhöhen Sie Ihren Grundumsatz, denn ein fitter Körper verbrennt selbst im Ruhezustand mehr Kalorien und Fett als ein untrainierter. Das ist das »Mucki-Plus« beim Gewichtsverlust.

INFO

TSCHÜSS, IHR KALORIEN!
Kalorien verbrennen ist in jeder Situation möglich. Die folgenden Angaben gelten für 30 Minuten pro Aktivität im Durchschnitt:
- Joggen 10 km / h – 300 kcal
- Einkaufstüten schleppen – 240 kcal
- Inline-Skating – 230 kcal
- Power Walking – 220 kcal
- Radfahren bei 15 km / h – 200 kcal
- Putzen und Staubsaugen – 130 kcal

Mit Freude in Schwung kommen

Wie Sie sich in Form halten oder bringen, ist ganz Ihnen überlassen. Denn verbissen auf dem Stepper Kalorien zu zählen und sich anschließend mit einem riesigen Milchshake belohnen zu wollen, das gehört der Vergangenheit an. Egal ob Zumba, Schwimmen oder eine Runde Durch-die-Wohnung-Tanzen zu Ihrem Lieblingsalbum – Hauptsache, Sie kommen ins Schwitzen.

> **Wie können Sie mehr Bewegung in Ihren Alltag hineinbringen, als echte Sporteinheit und »versteckt« in den Aktivitäten von Beruf, Haushalt und Freizeit? Finden Sie Ihre persönliche Antwort – und leben Sie danach!**

Ergänzt wird die Sportsession durch Alltagsbewegungen, das heißt: Nehmen Sie die Treppe statt den Fahrstuhl, fahren Sie mit dem Fahrrad zur Arbeit statt mit Bus oder Auto, gehen Sie in der Mittagspause eine

Runde walken oder joggen oder absolvieren Sie in der Werbepause abends beim Spielfilm ein paar Kraftübungen auf dem Teppich. Finden Sie eine Sportart (oder gleich mehrere!), die Ihnen Spaß macht, und nehmen Sie auch sonst so viel Bewegung mit, wie Sie kriegen können. Das ist eine einfache Formel, um Ihren Gewichtsverlust gehörig anzukurbeln. Wenn Sie sich dann bald an den aktiveren Lebensstil gewöhnt haben, werden Sie garantiert nicht mehr zu den fauleren Zeiten zurückkehren wollen.

Yoga kann Körper und Geist auf wohltuende Weise entspannen.

Zum Ausgleich: Sich selbst ausreichend Ruhe verordnen

Je aktiver wir sind, desto bewusster müssen wir uns auch Ruheoasen schaffen. Immer mehr Menschen entdecken hierzu Yoga für sich, denn es vereint Bewegung und Entspannung, formt den Körper, strafft die Haut und trägt zur Ausgeglichenheit bei. Jeder kann die Asanas, die Yoga-Stellungen, ganz individuell an die eigenen Fähigkeiten anpassen. Auch örtlich sind Sie nicht gebunden, denn neben den vielen Yoga-Kursen in jeder Stadt können Sie bewaffnet mit einer Matte und ein paar Übungs-DVDs auch Ihr Wohnzimmer in ein Yoga-Studio verwandeln. Laden Sie doch noch ein paar Freunde dazu ein und entdecken Sie gemeinsam, wozu der eigene Körper alles fähig ist. Andere Ruheoasen, die Sie sich gern vor, während und nach dem Smoothie-Programm verordnen können:

- eine Massage
- lange Spaziergänge
- Saunagänge und Hamam-Besuche
- tiefes, bewusstes Ein- und Ausatmen zwischendurch im Alltag
- ein Abend mit dem Partner einfach nur vorm Kamin auf dem Sofa

Oder Sie erlernen eine Methode zur bewussten Entspannung, die Sie nach einer Eingewöhnungszeit dann jederzeit und überall nutzen können. Entsprechende Kurse werden in den meisten Orten angeboten:

- Meditation
- Autogenes Training
- Progressive Muskelentspannung
- Fußreflexzonenmassage

Sie sehen, die Möglichkeiten sind schier unendlich, wie Sie sich etwas Gutes tun können. Gerade in der Abnehm-Zeit, in der Ihr Körper viel Entschlackungsarbeit leistet.

DAS SIEBENTÄGIGE
SMOOTHIE-PROGRAMM

Küchenschränke und Kühlschränke sind gefüllt, der Kopf ist randvoll mit Infos – jetzt sind Sie bereit für den Start des Smoothie-Programms! Nicht vergessen: Ihr Wohlbefinden steht an erster Stelle. Sie können die Rezepte umwandeln, die Reihenfolge der Mahlzeiten tauschen oder eine Portion mehr Smoothie, Gemüse oder Salat essen, wenn Sie doch noch hungrig sind. Das hier ist Ihre Chance, zum Wohlfühlgewicht zurückzukehren, mit Genuss, Gelassenheit und purer Lebensfreude. Blättern Sie während Ihrer Diät-Woche(n) immer mal wieder durch das Buch, um sich neue Anregungen und vor allem eine Auffrischung Ihrer Motivation zu holen. Und gönnen Sie sich zwischendurch kleine Belohnungen: ein Wellness-Abend mit Dampfbad und Massage, ein bunter Blumenstrauß oder auch ein Kinobesuch mit Ihrer besten Freundin.

Erster Tag

Willkommen in Ihrem neuen Leben voller Smoothie-Power! Vorschläge für drei Mahlzeiten und Snacks finden Sie hier. Ideen für eine ordentliche Portion Bewegung ebenso: Inline-Skaten, zur Arbeit walken, schwimmen gehen oder ab in die Yoga-Stunde, die Möglichkeiten sind unbegrenzt. 30 Minuten sollten es schon werden, besser ist allerdings gleich eine ganze Stunde.

Da Sie an den ersten Tagen vielleicht etwas mehr Hunger haben werden, machen Sie ruhig zwei Portionen der Smoothies und frieren sie mögliche Reste dann einfach ein. Gemüsesticks, Salat und Obst sind natürlich auch jederzeit zwischendurch erlaubt.

Drinks

Pressen Sie morgens den Saft von zwei Zitronen in zwei Liter stilles Mineralwasser und trinken Sie es den Tag über.

Frühstücks-Smoothie

PURPURNE FREUDE

200 g dunkle Weintrauben | 1 Banane (möglichst gefroren) | 150 ml Mandelmilch | 1 Prise Zimtpulver | 1 Prise Carob | 1 EL Rosinen oder anderes Süßungsmittel nach Belieben | für Diättyp Light: 1 EL Hanfsamen

Zubereitungszeit: ca. 5 Min.

1 Die Weintrauben waschen, abtropfen lassen und die Stiele entfernen. Die Banane halbieren und gemeinsam mit den Trauben in den Standmixer geben. Zimtpulver und Carob sowie nach Belieben Süßungsmittel und gegebenenfalls den Hanfsamen hinzufügen.

2 Mandelmilch hinzugießen und alles zusammen erst bei kleiner und anschließend auf hoher Stufe cremig pürieren.

TRAUBEN: LIEBER DUNKEL

Dunkle Weintrauben sind reicher an Antioxidanzien und anderen Wirkstoffen als helle Weintrauben. Gemeinsam mit der Banane sorgen sie in diesem Smoothie für viel Energie und eine gute Portion Lebensfreude. In den Kernen von Trauben befinden sich zudem die potenten Antioxidanzien OPC (oligomere Proanthocyanidine). Sie besitzen eine hohe Wirkkraft beim Kampf gegen freie Radikale. Außerdem sollen Traubenkerne stabilisierend auf den Blutzuckerspiegel wirken und den Appetit zügeln. Für Ihre Schönheit und Gesundheit sollten Sie deshalb Trauben mit Kernen verwenden, falls Ihr Mixer kraftvoll genug ist und Sie der leicht bittere Beigeschmack nicht stört.

Für zwischendurch

SNACKS

½ Ananas | 1 EL Goji-Beeren | für Diättyp
Turbo: 2 Stangen Sellerie

Zubereitungszeit: ca. 5 Min.

1 Die Ananas klein schneiden, mit den Goji-
Beeren mischen. Wer nach dem Test zum Diättyp Turbo gehört, schnippelt noch zwei Stangen
Sellerie mit in den Salat hinein.
2 Alles vermischen und genießen.

Mittags-Smoothie

HAPPY SUNSHINE

⅓ Ananas | 1 Bio-Orange | 1 Handvoll Feldsa-
lat | 2 EL Goji-Beeren

Zubereitungszeit: ca. 10 Min.

1 Ananas schälen und in Stücke schneiden.
Orange schälen und zerteilen. Feldsalat waschen und trocken schleudern.
2 Alle Zutaten in den Mixer geben und etwa
150 ml Wasser hinzugießen. Auf niedriger Stufe
beginnen und anschließend auf hoher Stufe zu
Ende pürieren.

SUPER LECKERER DIÄT-KÖNNER

Happy Sunshine – dieser Smoothie ist Fat-burner und Detox-Drink zugleich. Er entgiftet und lässt die Pfunde schmelzen.

Detox-Dinner

SPINATPFANNE MIT QUINOA

1 Knoblauchzehe | ½ rote Zwiebel |
2 TL Kokosöl | 50 g Quinoa | 150 ml Gemüse-brühe | 300 g Blattspinat (frisch oder TK) |
½ rote Paprikaschote | 2 Tomaten | Meersalz |
Pfeffer aus der Mühle | ½ Zitrone |
1 Prise Currypulver | 1 Prise Cayennepfeffer

Zubereitungszeit: ca. 30 Min.

1 Die Knoblauchzehe abziehen, die Zwiebel schälen und beides sehr fein würfeln. 1 TL Ko-kosöl in einem kleinen Topf erhitzen, Zwiebel und Knoblauch darin andünsten.

2 Quinoa hinzufügen und 2 Min. anrösten, da-bei ständig umrühren, damit nichts anbrennt. Mit 100 ml der Gemüsebrühe ablöschen, die Temperatur reduzieren und bei geschlossenem Deckel etwa 15 Min. garen lassen.

3 In der Zwischenzeit den Spinat, falls frisch, waschen und in Streifen schneiden. Die Paprika-schote und die Tomaten ebenfalls waschen und in kleine Stücke schneiden. Übriges Öl in einer Pfanne erhitzen. Den Spinat 5 Min. andünsten, mit Salz und Pfeffer würzen. Die übrige Gemüse-brühe hinzufügen und alles sämig köcheln. Die Tomaten- und Paprikastücke hinzufügen.

4 Nun noch den Quinoa hinzugeben und alles umrühren. Die Zitrone auspressen und die Quinoa-Gemüse-Pfanne mit Zitronensaft, Curry-pulver und Cayennepfeffer würzen.

TYPGERECHT

Für noch etwas mehr basisches Grün, gerade für Diättyp Turbo: Einen einfachen Salat aus Feldsalat zubereiten und mit einer Essig-Öl-Vinaigrette servieren. Wer zum Diättyp Light gehört, kann das Abendessen um ein Stück gebratene oder geräucherte Forelle er-gänzen, eine vegane Alternative könnten 100 Gramm Räuchertofu sein.

TIPP

WIE ES IHNEN SCHMECKT

Ein bestimmtes Rezept aus dem Pro-gramm sagt Ihnen überhaupt nicht zu? Kein Problem, dann finden Sie ab Seite 95 Smoothies und Detox-Gerich-te, die Sie alternativ zubereiten kön-nen. Wichtig ist, dass Ihnen die Diät Freude macht – denn nur so bleiben Sie dran und machen nach der eigent-lichen Programm-Woche gern weiter mit Ihrem neuartigen Smoothie-Ge-nuss-Lifestyle.

Zweiter Tag

Hat Sie die Bewegung gestern ordentlich auf Trab gebracht? Dann lassen Sie Ihren inneren Schweinehund erst gar nicht zur Ruhe kommen und bringen Sie auch heute eine Sporteinheit in Ihrem Tag unter. Dazu gibt es zwei köstliche Smoothies, Snacks zwischendurch und ein leichtes Abendessen.

Drinks

Pressen Sie morgens wieder den Saft von zwei Zitronen in zwei Liter Mineralwasser und trinken Sie das Wasser den Tag über.

Frühstücks-Smoothie
ROSAROTE ERFRISCHUNG

200 g Erdbeeren (frisch oder TK) | ½ Apfel | 1 mittelgroße Gurke | 1 Stange Sellerie (für Diättyp Turbo: 2 Stangen) | 1 Handvoll frische Minze | ½ Zitrone | 2 entsteinte Datteln

Zubereitungszeit: ca. 10 Min.

1 Die Erdbeeren, falls frisch, waschen und entstielen. Den halben Apfel waschen, vierteln und entkernen. Gurke und Selleriestange (oder -stangen) waschen und in kleine Stücke schneiden. Minze waschen und trocken schleudern. Minzblätter abzupfen. Zitrone auspressen.
2 Alle Zutaten in den Mixer geben und zu einem cremigen Drink pürieren.

VIELSEITIGES TALENT

Die »rosarote Erfrischung« ist nicht nur lecker, sondern auch der perfekte Durstlöscher. Dieser Smoothie geht außerdem dem Fett an den Kragen und ist ein echter Jungbrunnen für Ihre Haut.

Mittags-Smoothie
METABOLISTA

250 g Pflaumen | 1 Handvoll Spinat | 2 entsteinte Datteln | 1 TL Maca-Pulver | für Diättyp Light: 1 Banane

Zubereitungszeit: ca. 10 Min.

1 Die Pflaumen waschen, halbieren und entkernen. Den Spinat waschen, abtropfen lassen und klein schneiden. Diättyp Light: Auch die Banane schälen und vierteln.
2 Alle Zutaten in den Mixer geben, 150 ml Wasser hinzugießen und alles erst langsam, dann schneller cremig pürieren.

TIPP

KEINE QUAL!
Wenn Sie gestern nach Ihrem Mittagsmoothie zu schnell wieder hungrig geworden sind, verdoppeln Sie heute einfach die Menge. Bei dieser Diät dürfen Sie immer satt werden.

Für zwischendurch

SNACKS

3 Möhren | 1 Apfel | etwas Zitronensaft | für Diättyp Light: 5 Walnüsse oder ½ Avocado

Zubereitungszeit: ca. 5 Min.

1 Möhren waschen und in Sticks schneiden, Apfel waschen und in schmale Spalten schneiden. Beides mit Zitronensaft beträufeln.

2 Wer zum Diättyp Light gehört, isst dazu 5 Walnüsse oder eine halbe Avocado.

Detox-Dinner

KUNTERBUNTER SPROSSEN-SALAT

1 Möhre | ½ rote Paprikaschote | 100 g Cherry-Tomaten | 100 g Feldsalat | 1 Handvoll Sprossen (zum Beispiel Alfalfa- oder Mungobohnen-Sprossen) | 1 TL Sonnenblumenkerne | für Diättyp Turbo: 40 g Löwenzahn | für Diättyp Light: 1 EL Pinienkerne | ½ Knoblauchzehe | 1 Stängel Dill | 1 EL mittelscharfer Senf | 1 EL Agavensirup | 1 EL Apfelessig | 2 TL Olivenöl | Meersalz | Pfeffer

Zubereitungszeit: ca. 15 Min.

1 Möhre waschen und raspeln. Paprikaschote und Tomaten waschen, klein schneiden. Feldsalat waschen, abtropfen lassen, gegebenenfalls den Löwenzahn waschen und klein schneiden.

2 Gemüse, Salat und Löwenzahn in eine Schüssel geben, Sprossen, Sonnenblumenkerne, gegebenenfalls Pinienkerne hinzugeben.

3 Für das Dressing Knoblauch abziehen und fein hacken oder pressen. Dill ebenfalls fein hacken. Beides mit Senf, Agavensirup, Apfelessig, Öl, Salz, Pfeffer und 2 EL Wasser vermischen. Dressing über den Salat geben und genießen.

Dritter Tag

An das Plus an Bewegung sind Sie mittlerweile vielleicht schon gewöhnt. Aber auch Ruhe und Entspannung sollten nicht zu kurz kommen. Für Ihren Körper bringt die Umstellung zwar langfristig mehr Vitalität, während der ersten Tage können jedoch auch Energietiefs und Stimmungsschwankungen auftreten – Anzeichen dafür, dass Ihr Körper entgiftet.

Ergänzen Sie Ihr Sportprogramm heute also auch um eine Entspannungssession, sei es eine von einer CD angeleitete Meditation, ein Schaumbad oder eine Massage.

Und nicht vergessen: Zwischendurch immer viel trinken, am besten Kräutertees und Wasser. Obst macht als Frucht satter als in Saftform, ist also besser als Snack.

Drinks

Pressen Sie morgens wieder den Saft von zwei Zitronen in zwei Liter Mineralwasser und trinken Sie das Wasser den Tag über.

Frühstücks-Smoothie
HIMBEER-KOMBUCHA

1 Birne | 200 g TK-Himbeeren | 2 entsteinte Datteln | 200 ml Kombucha | für Diättyp Light: 2 EL Sonnenblumenkerne

Zubereitungszeit: ca. 5 Min.

1 Die Birne waschen, entkernen und in größere Stücke schneiden.
2 Mit den Himbeeren, den Datteln und dem Kombucha in den Mixer geben. Wer zum Diättyp Light gehört, fügt außerdem noch die Sonnenblumenkerne hinzu. Alles erst bei niedriger Stufe, dann bei hoher Stufe pürieren.

KOMBUCHA

Kombucha ist ein erfrischendes Getränk, das durch einen Fermentierungsprozess von Grünem oder Schwarzem Tee entsteht. Ihm wird eine entgiftende und entschlackende Wirkung nachgesagt. Außerdem regt Kombucha die Verdauung an und ist damit der perfekte Wasserersatz in schlankmachenden Smoothies. Viele Bio-Läden sowie Drogerien und Supermärkte führen den trendigen Drink, der von Natur aus stets ein wenig Kohlensäure enthält. Es gibt ihn in unterschiedlichen Geschmacksrichtungen, und auch pur getrunken ist er ein Genuss.

Für zwischendurch
SNACKS

Für Diättyp Turbo: 1 Grapefruit

1 Frucht halbieren und auslöffeln.

Alle anderen können sich heute eine kleine Handvoll Rosinen mit Walnüssen gönnen.

Mittags-Smoothie

GREEN PEACE

1 Mango | 1 Apfel | 1 kleine Handvoll Brennnesseln | 1 Blatt Mangold | 3 Stängel Basilikum | 1 TL Agavensirup | 200 ml Kokosnusswasser

Zubereitungszeit: ca. 10 Min.

1 Die Mango schälen, das Fruchtfleisch vom Kern schneiden. Den Apfel waschen, vierteln, entkernen, in Stücke schneiden. Brennnesseln, Mangold und Basilikumblätter waschen, trocken schütteln, klein schneiden.
2 Alle Zutaten im Mixer pürieren.

KOKOSWASSER

Das Wasser junger Kokosnüsse (nicht zu verwechseln mit Kokosmilch) enthält wenig Kalorien und wirkt stark basisch. Erhältlich ist es in vielen Drogerien und Bio-Läden.

Detox-Dinner

HEISSE KOHLSUPPE

1 Zwiebel | 1 Knoblauchzehe | 2 TL Kokosöl | 300 g Weißkohl | 1 Möhre | 3 Tomaten | 1 Prise Cayennepfeffer | 1 Prise gemahlener Kümmel | 500 ml Gemüsebrühe | 1 Lorbeerblatt | ½ Zitrone | 1 Stück Ingwer (etwa 1 cm lang) | 1 TL Agavensirup | Meersalz

Zubereitungszeit: ca. 45 Min.

1 Zwiebel und Knoblauch abziehen und fein hacken. Öl in einem großen Topf erhitzen und beides etwa 5 Min. anbraten.
2 Den Weißkohl säubern, bei konventioneller Ware die äußeren Blätter entfernen. Den Kohl vom Strunk befreien und in kleine Stückchen schneiden. Die Möhre putzen und in dünne Scheiben schneiden.
3 Das Gemüse in den Topf geben und ein paar Minuten andünsten. Die Tomaten waschen, hacken und hinzugeben. Den Mix kräftig mit Cayennepfeffer und Kümmel würzen. Dann die Gemüsebrühe angießen und das Lorbeerblatt zur Suppe hinzugeben.
4 Aufkochen und etwa 30 Min. bei schwacher Hitze köcheln lassen. Die Zitrone auspressen und den Ingwer schälen und fein reiben. Beides mit dem Agavensirup zur Suppe geben. Abschmecken und nach Belieben etwas nachwürzen. Das Ganze weitere 5 Min. köcheln lassen.

ZWISCHENDURCH SNACKEN

Von dieser Suppe können Sie gern die drei- oder vierfache Menge zubereiten und sie in den nächsten Tagen zwischendurch als Snack essen. Und wenn Sie nach der scharfen Suppe Lust auf etwas Süßes haben, gönnen Sie sich 25 Gramm Schokolade mit extra hohem Kakaoanteil und eine Tasse Chai, mit Agavensirup oder Stevia gesüßt.

Vierter Tag

Wie geht es Ihnen nach den ersten Tagen voller Smoothie-Power? Kommen Sie gut in den neuen Rhythmus hinein? Ansonsten wechseln Sie doch mal probeweise zum Smoothie am Abend und essen mittags das Detox-Gericht. Und bei einem Energietief am Nachmittag: Lieber zu einer Tasse Grünen oder Mate-Tee greifen als zum Kaffee, denn die geben lang anhaltend Energie und unterstützen Sie beim Abnehmen.

Drinks

Wenn Sie gestern Himbeer-Kombucha zubereitet haben, können Sie ab heute stets ein Glas des übrigen Kombucha trinken. Gerade auch dem Diättyp Turbo ist dies aufgrund der verdauungsfördernden Wirkung zu empfehlen. Zusätzlich sollten Sie beim Zitronenwasser bleiben.

Frühstücks-Smoothie

HEAT WAVE

¼ Wassermelone (etwa 600 g mit Schale) | 1 Pfirsich | 1 Limette | 2 Blatt Rotkohl | 100 ml Cranberrysaft (möglichst ungesüßt) | 1 EL Rosinen oder anderes Süßungsmittel nach Belieben | für Diättyp Light: 2 EL goldener Leinsamen oder gemahlener Leinsamen

Zubereitungszeit: ca. 10 Min.

1 Die Wassermelone schälen und in kleine Stücke schneiden. Den Pfirsich waschen, halbieren, entkernen und klein schneiden. Die Limette auspressen. Die Rotkohlblätter waschen und raspeln oder sehr klein schneiden.

2 Alle Zutaten im Mixer pürieren. Wenn nötig, etwas mehr Cranberrysaft hinzufügen.

Mittags-Smoothie

LAVENDELTRÄUME

2 Äpfel | 3 Feigen (frisch oder getrocknet) |
1 Handvoll Sprossen (Alfalfa oder Kresse) |
2 TL Lavendelblüten | 1 EL Sonnenblumenker-
ne | 200 ml Mandelmilch | 1 EL Rosinen oder
anderes Süßungsmittel nach Belieben

Zubereitungszeit: ca. 5 Min.

1 Die Äpfel waschen, vierteln, entkernen und in
kleine Stücke schneiden. Die Feigen, ob frisch
oder getrocknet, vierteln.

2 Alle Zutaten in den Mixer geben und pürieren. Dabei am besten auf der niedrigsten Stufe
beginnen und zum Schluss alles auf der höchsten Stufe cremig mixen.

LAVENDELTEE IST EBENFALLS GUT

Wenn Sie keine frischen oder getrockneten
Lavendelblüten erhalten, können Sie auch
einen Aufguss Lavendeltee mit einem Teebeutel zubereiten.

Snack oder Dessert

Heute ist schon Bergfest, die Hälfte der
Smoothie-Woche ist geschafft. Um das ge-
bührend zu feiern, gibt es Schokoladige Bir-
nencreme ▶ siehe Seite 66 als Snack oder
Dessert. Wer zum Diättyp Light gehört, gar-
niert sie mit ein paar Hanfsamen, alle anderen nehmen stattdessen Goji-Beeren.

Detox-Dinner

BROKKOLI MIT TOFU

75 g Natur-Tofu | 3 EL Sojasoße | 400 g Brok-
koli | 150 g Mangold | 2 TL Sesamöl | 1 Möhre |
1 TL Kürbiskerne | 2 TL Rosinen | Meersalz |
Pfeffer | als Beilage für Diättyp Light:
50 g Naturreis

Zubereitungszeit: ca. 40 Min.

1 Den Tofu in Stücke schneiden und für ca. 10
Min. in die Sojasoße legen.

2 Wer zum Diättyp Light gehört, bringt den Reis
in kochendem Salzwasser zum Garen.

3 Brokkoli waschen, in Röschen schneiden.
Das harte Äußere vom Strunk entfernen, Strunk
in Stücke teilen. Den Brokkoli in einem Topf mit
Dünstaufsatz ca. 7 Min. dämpfen.

4 In der Zwischenzeit die Mangoldblätter waschen und abtropfen lassen. Die Stiele sehr fein
hacken und zur Seite stellen, die Blätter in Streifen schneiden. Die Blätter zum Brokkoli geben
und beides weitere 3 bis 5 Min. garen.

5 Eine kleine Pfanne mit 1 TL Sesamöl bestrei-
chen. Tofustücke abtropfen lassen und etwa 5
Min. braten. Die Sojasoße zur Seite stellen.

6 Die Möhre putzen und reiben. Brokkoli-Man-
gold-Gemüse auf einem tiefen Teller anrichten.
Tofustücke, Möhrenraspeln, Mangoldstiele, Kürbiskerne und Rosinen hinzufügen. 2 TL Sojasoße
und 1 TL Sesamöl über das Gericht tröpfeln. Mit
Salz und Pfeffer abschmecken.

Fünfter Tag

Wie geht es Ihnen nach vier Tagen voller Smoothies, basischen Lebensmitteln und Vitalnahrung? Mittlerweile sollten Sie das Plus an Energie schon am Morgen spüren. Um die Fettverbrennung noch weiter anzukurbeln, gibt es heute besonders viel Chlorophyll und die Superfrucht Papaya. Auch das Zitronenwasser und die tägliche Dosis Bewegung sollten nicht fehlen, so legen Sie den Grundstein für gute Gewohnheiten.

Frühstücks-Smoothie
PAPALAPAYA

1 kleine Papaya (etwa 300 g) | 1 Orange | 1 Bio-Zitrone | 2 EL Kürbiskerne | 1 EL Rosinen oder anderes Süßungsmittel nach Belieben

Zubereitungszeit: ca. 10 Min.

1 Die Papaya halbieren, die Kerne entfernen, die Fruchthälften schälen und klein schneiden. Die Orange schälen und zerteilen.
2 Die Zitrone waschen, halbieren und auspressen. Schale von einer Zitronenhälfte reiben.
3 Alles in den Mixer geben, ca. 200 ml Wasser hinzugeben und pürieren.

Mittags-Smoothie
PEACEMAKER

1 grüner Apfel | 1 Bio-Zitrone | 1 Handvoll Mangold | 2 Stängel Basilikum | 200 g Himbeeren (frisch oder TK) | 1 EL Rosinen | für Diättyp Turbo: 3 Stängel Brennnesseln | für Diättyp Light: 1 EL Leinsamen oder gemahlene Leinsamen

Zubereitungszeit: ca. 5 Min.

1 Den Apfel waschen, vierteln, entkernen und klein schneiden. Die Zitrone waschen und auspressen, die Schale einer Hälfte fein reiben. Mangoldblätter und Basilikum waschen und trocken schleudern. Das Mangold klein schneiden, die Basilikumblätter abzupfen. Wer nach dem Test zum Abnehmtyp Turbo zählt, sollte auch die Brennnesseln waschen, trocken schleudern und grob hacken. Himbeeren, falls frisch, waschen.
2 Alle Zutaten mit 200 ml Wasser in den Mixer geben und zunächst auf geringer Stufen, dann mit einer höheren Geschwindigkeit pürieren.

Für zwischendurch
OBSTSALAT IM GRÜN

1 Handvoll Feldsalat | 1 Apfel | 1 Banane | 2 Orangen | 1 EL Rosinen | 1 TL Sonnenblumenkerne | 1 Prise Zimtpulver

Zubereitungszeit: ca. 10 Min.

1 Den Feldsalat gründlich waschen und trocken schleudern. Den Apfel waschen, vierteln, entkernen und klein schneiden, die Banane schälen und in Scheiben schneiden. Alles zusammen in einer Schüssel vermengen.

2 Die beiden Orangen auspressen, den Saft über das gemischte Obst gießen. Mit den Rosinen, den Sonnenblumenkernen und dem Zimtpulver garnieren und servieren.

Detox-Dinner

GEFÜLLTE PAPRIKA MIT SPINAT-REIS

30 g Naturreis | Meersalz | 250 g Blattspinat (frisch oder TK) | ½ Zwiebel | 1 Prise Cayennepfeffer | 2 große rote Paprikaschoten | 3 Stängel Petersilie | 1 Knoblauchzehe | 3 Mandeln | 1 TL Agavensirup | 4 EL Tomatenmark | 250 ml Gemüsebrühe | 1 EL Vollkornmehl | 4 EL Kokosmilch | 2 Tomaten

Zubereitungszeit: ca. 1 Std. 15 Min.

1 Den Reis in der doppelten Menge Salzwasser ca. 30 Min. köcheln lassen.

2 Backofen auf 200 ° vorheizen.

3 Den Blattspinat waschen, trocken schleudern und in Streifen schneiden. Die Zwiebelhälfte schälen und in feine Würfel schneiden. Beides zusammen in einem Topf mit etwas Wasser 3 Min. dämpfen. Mit Salz und etwas Cayennepfeffer nach Geschmack würzen.

4 Die Deckel der Paprikaschoten abschneiden und die Schoten sauber aushöhlen. Das Wasser vom Spinat abgießen, den Spinat mit 2 EL Tomatenmark und dem Reis vermengen und kräftig würzen. 2 Petersilienstängel waschen und klein hacken, Knoblauch schälen, fein hacken, Mandeln fein hacken, alles gemeinsam mit dem Agavensirup zur Menge hinzugeben und vermischen. Die Mischung in die Schoten füllen und den Deckel wieder draufsetzen.

5 Die Gemüsebrühe mit 2 EL Tomatenmark gut vermischen und in einen kleinen Bräter oder eine feuerfeste Form gießen. Die gefüllten Paprikaschoten aufrecht hineinsetzen und alles in den Backofen schieben. Ca. 30 Min. garen.

6 Das Mehl mit der Kokosmilch verrühren. Die Tomaten sowie den übrigen Petersilienstängel waschen und sehr fein hacken. Den Gemüsesud aus dem Bräter in einem kleinen Topf zum Kochen bringen, die Kokosmilchmischung hinzugeben und 2 Min. köcheln lassen. Tomatenstückchen und Petersilie hinzufügen und nochmals 2 Min. kochen. Abschmecken und mit den gefüllten Paprikas servieren.

SPORTLER-ZUSATZSNACK

Der Reis kann auch in größeren Portionen vorgekocht werden, denn gerade bei viel sportlicher Belastung dient er mit etwas Gemüse gut als herzhafter Snack zwischendurch. Wer sich viel bewegt, kann täglich problemlos eine Portion von 60 Gramm gekochtem Reis in den Essensplan einbauen. Das entspricht 20 Gramm rohem Reis.

Sechster Tag

Die Smoothie-Abnehmwoche ist fast geschafft! Oder sind Sie jetzt erst richtig auf den Geschmack gekommen und haben Lust auf Mehr? Dann überlegen Sie heute doch mal in Ruhe, ob Sie das Smoothie-Programm nicht um ein paar Tage oder eine Woche verlängern wollen. Sie würden dann umso stärker von all seinen positiven Effekten profitieren und natürlich auch umso mehr Pfunde verlieren.

Nutzen Sie den heutigen Tag auch, um etwas Neues auszuprobieren, das Ihnen guttut. Gehen Sie zur Flamenco-Stunde, versuchen Sie sich in Aerial Yoga oder toben Sie sich auf der Rollschuhbahn aus – Bewegung kann unglaublich viel Spaß machen, wenn wir das Müssen durch Wollen ersetzen.

Drinks

Wieder ist morgens das Zitronenwasser angesagt. Wer zum Diättyp Turbo gehört, sollte sich noch 1 TL Matcha-Tee in 150 ml kaltes Kokosnusswasser einrühren und diesen sanften Muntermacher genießen.

Frühstücks-Smoothie
FRUCHTIGE KAMILLE

2 Teebeutel Kamillentee oder 2 TL frische Kamille | 2 Äpfel | 1 Birne | 1 Vanilleschote | 1 EL Sonnenblumenkerne | 2 TL Agavensirup

TIPP

KRÄUTERTEE-MIX

Kräutertees eignen sich hervorragend zur Zubereitung von Smoothies. Sie zeigen sich meist mit ihren ganz eigenen gesundheitlichen Vorteilen und verleihen dem Smoothie zugleich eine besondere Note. So wirkt Fencheltee krampflösend und verdauungsfördernd, Pfefferminze hilft bei Magen-Darm-Beschwerden und Kamille kann zur Beruhigung getrunken werden. Wählen Sie Ihre Lieblingssorten und probieren Sie es aus!

Zubereitungszeit: ca. 10 Min.
Abkühlzeit: ca. 45 Min.

1 200 ml starken Kamillenaufguss zubereiten und zum Abkühlen beiseite stellen.

2 Die Äpfel waschen, vierteln, entkernen und in kleine Stücke schneiden. Die Birne waschen, entkernen und vierteln. Die Vanilleschote mit einem scharfen Messer längs aufschneiden und mit dem Messerrücken das Mark herauskratzen.

3 Alle Zutaten mit dem Kamillenaufguss in den Mixer geben und pürieren.

Mittags-Smoothie

VITAMIN-C-BOOSTER

2 Orangen | ½ Apfel | 1 Banane | 1 Limette |
1 mittelgroße Möhre | 1 Stück Ingwer (etwa
1 cm lang) | 2 EL Goji-Beeren | 1 EL goldener
Leinsamen oder gemahlener Leinsamen (für
Diättyp Light 2 EL) | 3 entsteinte Datteln |
50 ml Sanddornsaft

Zubereitungszeit: ca. 10 Min.

1 Die Orangen schälen und zerteilen. Den Apfel
waschen, vierteln, entkernen und in kleine Stücke schneiden. Die Banane schälen und vierteln.
Die Limette auspressen. Die Möhre putzen und
klein schneiden. Den Ingwer schälen (bei
Bio-Ware nicht nötig) und halbieren oder reiben.

2 Alles in den Mixer geben. Goji-Beeren, Leinsamen und Datteln hinzufügen. Sanddornsaft
und ca. 100 ml Wasser dazugeben und pürieren.

VITAMINWUNDER SANDDORN

Sanddornsaft besitzt fast den zehnfachen
Vitamin-C-Gehalt von Zitronen. In der Kombination mit den Zitrusfrüchten gibt er Ihnen in
diesem leuchtenden Smoothie einen einzigartigen Antioxidanzien-Kick.

Snacks

Gönnen Sie sich heute doch mal eine Portion Gemüsechips oder Edamame, die Rezepte finden Sie auf Seite 52.

Detox-Dinner

QUINOA-SALAT MIT PETERSILIE

1 Knoblauchzehe | ½ Zwiebel | 1 TL Kokosöl |
50 g Quinoa | 100 ml Gemüsebrühe |
100 g Petersilie (etwa 2 Bund) | 4 Tomaten |
1 Zucchini | 1 TL Olivenöl | 1 TL Apfelessig |
Salz | Pfeffer | ½ Zitrone (für Diättyp Turbo:
1 Zitrone) | 3 getrocknete Aprikosen | 1 TL Kür-
biskerne | für Diättyp Light: 1 EL Hanfsamen

Zubereitungszeit: ca. 25 Min.

1 Knoblauch und Zwiebel schälen und sehr fein
würfeln. Öl in einem kleinen Topf erhitzen, um
die Zwiebeln und den Knoblauch darin anzu-
dünsten. Quinoa hinzufügen und zwei Minuten
anrösten, dabei ständig umrühren, damit nichts
anbrennt. Mit der Gemüsebrühe ablöschen, die
Temperatur reduzieren und bei geschlossenem
Deckel 15 Min. garen lassen.

2 Petersilie waschen, trocken schütteln, das
Ende der Stängel abschneiden, den Rest sehr
fein hacken. Tomaten waschen und in kleine
Stückchen schneiden. Zucchini waschen und
quer halbieren. Mit einem Sparschäler längs
hauchdünne Streifen schneiden.

3 Das geschnittene Gemüse in eine große
Schüssel geben und den gekochten, leicht abge-
kühlten Quinoa hinzufügen. Etwas Olivenöl und
Apfelessig hinzugeben, mit Salz und Pfeffer
nach Geschmack würzen. Die Zitrone über dem
Salat auspressen, alles vermengen.

4 Die Aprikosen klein schneiden und den Salat
damit sowie mit den Kürbiskernen und für Diättyp Light den Hanfsamen garnieren.

PETERSILIENKRAFT

Petersilie ist reich an Eisen und Vitamin C,
passt also perfekt ins Smoothie-Programm
und zum Abnehmen. Nur während der
Schwangerschaft sollten so große Mengen
Petersilie besser nicht gegessen werden.

Siebter Tag

Auch heute gibt es ein weiteres Mal Bewegen und Schlemmen, um die Pfunde zum Schmelzen zu bringen. Vielleicht ist es Ihr letzter Tag, vielleicht geht das Smoothie-Abenteuer aber für Sie von hier aus direkt weiter – eine weitere Woche Smoothies und leichte, entgiftende Abendgerichte. Nicht nur Ihre Taille wird es Ihnen ganz sicher danken, Ihr ganzer Körper wird sich darüber freuen. Wenn Sie Ihr Abnehmziel bereits erreicht haben, können Sie trotzdem dabei bleiben – und einfach ein paar mehr Snacks essen oder die Smoothies mit mehr Nüssen und besonders nahrhaften Früchten wie Avocados anreichern.

Mittlerweile sind Sie wahrscheinlich ein Smoothie- und Vitalitätsexperte. Und sicherlich wissen Sie nun auch, wie Sie die gesunden Drinks und Mahlzeiten am besten in Ihren Tagesablauf integrieren, und ebenso, wie Sie mehr Bewegung in Ihr Leben bringen. 15 erprobte Wegbegleiter für die Zeit nach der Diät-Woche und damit für einen langfristigen Gewichtsverlust stehen Ihnen ab Seite 118 zur Verfügung.

Drinks

Noch einmal sollten Sie morgens Ihr Zitronenwasser zubereiten und genießen, eine Angewohnheit, die Sie vielleicht fortsetzen wollen, auch wenn Ihr Smoothie-Programm irgendwann beendet ist.

Frühstücks-Smoothie

WAHRE LIEBE

300 g Kirschen | ½ Avocado | 1 Vanilleschote | 200 ml Kokosnusswasser | 2 Datteln oder anderes Süßungsmittel nach Belieben | für Diättyp Light: 1 EL Hanfsamen oder gemahlener Hanf | für Diättyp Turbo: 1 Handvoll Spinat

Zubereitungszeit: ca. 10 Min.

1 Die Kirschen waschen, abtropfen lassen, halbieren und entkernen. Die Avocado entkernen und das Fruchtfleisch aus der Schale lösen. Vanilleschote mit einem scharfen Messer längs aufschneiden und mit dem Messerrücken das Mark herauskratzen. Diättyp Turbo: Den Spinat waschen, abtropfen lassen und klein schneiden.

2 Alle Zutaten im Mixer pürieren.

Mittags-Smoothie

PEACHY HEAVEN

4 Pfirsiche | ½ Banane (für Diättyp Light 1 Banane) | 1 Pok Choi | ½ Vanilleschote | 2 entsteinte Datteln

Zubereitungszeit: ca. 5 Min.

1 Die Pfirsiche halbieren und entkernen. Die Banane schälen. Pok Choi waschen, trocken schütteln, Strunk entfernen, das Blattgrün klein schneiden. Vanilleschote längs aufschneiden und das Mark herauskratzen.

2 Alle Zutaten mit 200 ml Wasser pürieren.

Für zwischendurch

WARME ZIMT-ÄPFEL MIT BLAUBEERSOSSE

2 Äpfel | 4 EL Agavensirup | 2 TL Zimtpulver | 150 g Blaubeeren

Zubereitungszeit: ca. 10 Min.
Backzeit: ca. 15 Min.

1 Backofen auf 200° vorheizen.

2 Die beiden Äpfel waschen, entkernen und achteln. 3 EL Agavensirup mit 1 EL Wasser und dem Zimtpulver auf einem tiefen Teller gut vermischen. Die Apfelecken in der Mischung wälzen, anschließend auf einem Backblech oder einer feuerfesten Form verteilen. In den Ofen schieben, möglichst die Grill-Funktion zuschalten und etwa 15 Min. backen.

3 Für die Soße die Blaubeeren mit 1 EL Agavensirup mit einem Pürierstab mixen, wenn nötig etwas Wasser hinzugeben. Die warmen Apfelecken mit der Soße servieren.

KÖSTLICHES DESSERT

Die warmen Zimt-Äpfel mit Blaubeersoße eignen sich auch hervorragend als Dessert nach dem Blumenkohlpüree. Blaubeeren sind sehr reich an Antioxidanzien und liefern in Kombination mit den Äpfeln reichlich schlankmachende Vitalstoffe.

Detox-Dinner

BLUMENKOHLPÜREE MIT PILZEN

500 g Blumenkohl | 2 Frühlingszwiebeln | Meersalz | 300 g Champignons | ½ Zwiebel | 2 Stängel Petersilie | 1 Knoblauchzehe | 2 TL Kokosöl | Pfeffer | 2 TL Vollkornmehl | 200 ml Mandelmilch | 1 Prise Muskatnuss

Zubereitungszeit: ca. 25 Min.

1 Den Blumenkohl waschen, die Blätter und den Strunk entfernen, die Röschen zertrennen. Die Frühlingszwiebeln ebenfalls waschen und klein hacken. Etwas Wasser zum Kochen bringen und salzen, Blumenkohl und Frühlingszwiebeln hineingeben und etwa 15 bis 20 Min. köcheln lassen. Alternativ kann das Gemüse auch im Dampfaufsatz gegart werden.

2 Die Champignons waschen und in schmale Scheiben schneiden. Die Zwiebel schälen und in feine Würfel schneiden. Die Petersilienstängel waschen, trocken schleudern und fein hacken. Die Knoblauchzehe abziehen und fein hacken. 1 TL Kokosöl in einer Pfanne erhitzen. Die Zwiebelwürfel darin anbraten, dann die Champignons hinzugeben. Den Knoblauch und die Petersilie hinzufügen, mit Salz und Pfeffer kräftig würzen und etwa 3 Min. braten. Dabei gelegentlich umrühren.

3 Mehl in 100 ml Mandelmilch auflösen und die Champignons damit ablöschen. Alles aufkochen und etwa 5 Min. köcheln lassen.

4 Inzwischen das Blumenkohlwasser abgießen. Zum Blumenkohl 1 TL Kokosöl hinzugeben. Mit Muskatnuss, Salz und Pfeffer würzen, die übrige Mandelmilch hinzufügen. Anschließend alles mit einem Kartoffelstampfer zerdrücken oder mit einem Pürierstab mixen.

5 Das Püree auf einem Teller anrichten und die Champignonpfanne dazugeben.

MIT BLUMENKOHL GEGEN DIE PFUNDE

Trotz seines geringen Kaloriengehalts ist Blumenkohl auffallend reich an Nährstoffen wie dem Schlankmacher und Immunstärker Vitamin C. Durch seinen Kaliumgehalt wirkt es außerdem entwässernd. Natürlich ist er, wie so vieles, Geschmackssache. Wer ihn also trotz seiner gesundheitlichen Vorzüge einfach nicht mag: Brokkoli ist eine wunderbare grüne Alternative und auch für das Püree mit Pilzen geeignet.

IHR REZEPTEPOOL

Das Smoothie-Programm hat Ihnen bereits gezeigt, wie vielfältig die Möglichkeiten sind, sich schmackhafte und vitalstoffreiche Smoothies und Detox-Gerichte zuzubereiten. Aber Sie wollen ja vielleicht eine oder gar zwei weitere Diät-Wochen anhängen und sich vor allem auch nach der eigentlichen Abnehm-Zeit weiterhin gesund und frisch, mikronährstoffreich und farbenfroh ernähren. Deswegen finden Sie auf den folgenden Seiten eine große Zahl an weiteren Rezeptideen: für bunte und speziell grüne Smoothies, Detox-Dinner und Desserts. So werden Sie fortan in Ihrer Ernährung nichts mehr vermissen und dabei volle Vitalität tanken, die Ihnen außerdem Ihr Idealgewicht verschafft oder erhält.

Natürlich können Sie diese Rezeptangebote auch während Ihrer Kur nutzen. Wenn Ihnen bei den Tagesprogrammen etwas nicht gefällt, tauschen Sie es einfach gegen eines der folgenden Rezepte aus. Sie müssen dann nur beachten, dass sich die Einkaufslisten (ab Seite 70) entsprechend ändern. Bald werden Sie sicherlich auch eigene Kreationen in Ihrer Küche zaubern und so Ihre ganz persönlichen Favoriten entdecken.

Bunte Smoothies

Die folgenden Smoothies stecken vor allem voller fruchtiger Süße der besten Obstsorten, aber auch ein wenig Gemüse versteckt sich mitunter in ihnen. Diese Power-Drinks sind Genuss pur – auch für Einsteiger – und dabei fast schon unverschämt gesund. Mit diesen Varianten können Sie ganz sicher auch skeptische Freunde oder Kollegen von Smoothies überzeugen.

Erfrischend und ein Augenschmaus
PINK BEAUTY

½ Honigmelone | 200 g Erdbeeren | 1 Limette | 1 EL goldener Leinsamen oder gemahlener Leinsamen | 2 TL Agavensirup

Zubereitungszeit: ca. 15 Min.

1 Die Honigmelone aushöhlen, schälen und in Stücke schneiden. Die Erdbeeren waschen und die Stiele entfernen. Die Limette auspressen.
2 Alle Zutaten mit etwa 100 ml Wasser in den Mixer geben und pürieren.

Leicht und cremig
WOLKE 7

2 Teebeutel Anis-Fenchel-Tee | 2 Birnen | 1 Stück Ingwer (etwa 2 cm lang) | 1 Handvoll Romanasalat | 2 entsteinte Datteln

Zubereitungszeit: ca. 5 Min.
Abkühlzeit: ca. 45 Min.

1 200 ml starken Anis-Fenchel-Teeaufguss zubereiten und abkühlen lassen.
2 Die Birnen waschen und vierteln. Den Ingwer schälen (bei Bio-Ware nicht nötig) und halbieren oder reiben. Den Romanasalat waschen, trocken schütteln und klein schneiden.
3 Alle Zutaten im Mixer pürieren.

TIPP

REZEPTE TYPGERECHT ABWANDELN
Auch für die Rezepte aus diesem Pool gilt: Variieren Sie! Wer sich im Test ab Seite 36 als Diättyp Light wiedererkannt hat, kann zu den Smoothies gern ein oder zwei Esslöffel Samen oder Nüsse hinzufügen, auch eine halbe Avocado ist empfehlenswert. Diättyp Turbo sollte hingegen eher grünes Blattgemüse hinzugeben. Er kann reine Frucht-Smoothies dadurch leicht in grüne Smoothies umwandeln – für noch mehr Slim-Power.

Ein perfekter Detox-Drink

SOMMER IM GLAS

¼ mittelgroße Wassermelone (etwa 600 g mit Schale) | ¼ Gurke | 1 Handvoll frische Minze | 1 Bio-Zitrone | 1 EL Rosinen oder anderes Süßungsmittel nach Belieben

Zubereitungszeit: ca. 10 Min.

1 Die Wassermelone schälen und in kleine Stücke schneiden. Das Gurkenstück waschen und vierteln. Die Minze waschen und trocken schütteln. Die Minzblätter vom Stiel abzupfen. Die Zitrone waschen, halbieren und auspressen. Die Schale von einer Zitronenhälfte reiben.
2 Alle Zutaten in den Mixer geben, 100 ml Wasser hinzugießen und alles pürieren.

WENIG KALORIEN, VIEL GESCHMACK!

Dieser Sommerklassiker entwässert und erfrischt. Damit ist er perfekt für richtig heiße Sommertage. Nach Belieben können Sie die Wassermelonenstücke vor der Verwendung auch noch mal für ein paar Stunden einfrieren, um einen eiskalten Durstlöscher zu kreieren. Er wird Sie an köstliches Wassereis und Strandspaziergänge erinnern.

Sättigt über längere Zeit

GO, MANGO, GO!

2 Mangos | 1 Orange | 1 Banane | 1 EL Sonnenblumenkerne | 1 EL Goji-Beeren | 1 Prise Cayennepfeffer | 1 Prise Zimt

Zubereitungszeit: ca. 5 Min.

1 Die Mangos schälen und das Fruchtfleisch vom Kern schneiden. Die Orange schälen und zerteilen. Die Banane schälen und vierteln.
2 Alle Zutaten mit 100 ml Wasser in den Mixer geben und langsam pürieren.

Reich an Provitamin A

FENCHELFREUDEN

1 Fenchelknolle | 2 Birnen | 2 entsteinte Datteln

Zubereitungszeit: ca. 5 Min.

1 Den Fenchel und die Birnen waschen, die Birnen entkernen und beides klein schneiden.
2 Alle Zutaten mit 200 ml Wasser in den Mixer geben und pürieren. Nach Belieben mit zusätzlichen Datteln etwas nachsüßen.

Für das Energietief am Nachmittag

HEISSHUNGER-KILLER

2 Äpfel | 2 Bananen | 1 Stück Ingwer
(etwa 1 cm lang) | 2 EL Chia-Samen |
2 entsteinte Datteln

Zubereitungszeit: ca. 5 Min.

1 Die Äpfel waschen, vierteln, entkernen und in
kleine Stücke schneiden. Die Bananen schälen
und vierteln. Den Ingwer schälen (bei Bio-Ware
nicht nötig) und halbieren oder reiben.
2 Alle Zutaten mit 200 ml Wasser in den Mixer
geben und pürieren.

HEISSHUNGER-KILLER ALS PUDDING

Wenn Sie den Smoothie eine halbe Stunde
lang »ziehen« lassen, bekommt er durch die
Chia-Samen eine noch festere Konsistenz
und wird zum Pudding. So lässt er sich ge-
nüsslich löffeln und macht gut satt.

Vitamin C, Eisen und Fatburner-Schärfe

RED SPICES

2 Bio-Blutorangen | 1 Apfel | 1 mittelgroße
Rote Bete | 1 Stück Ingwer (etwa 1 cm lang) |
2 entsteinte Datteln | 1 Prise Cayennepfeffer

Zubereitungszeit: ca. 10 Min.

1 Die Blutorangen waschen, schälen und zerteilen. Die Schale einer Orangenhälfte reiben.
Den Apfel waschen, vierteln, entkernen und in
kleine Stücke schneiden. Die Rote Bete schälen
und vierteln (bei schwächeren Mixern auch raspeln). Den Ingwer schälen (bei Bio-Ware nicht
nötig) und halbieren oder reiben.
2 Alle Zutaten mit 200 ml Wasser in den Mixer
geben und pürieren.

Sommerlicher Vitalstoff-Mix

SUNSET SURPRISE

200 g Kirschen | 100 g Kirschtomaten |
½ Limette | 2 EL Goji-Beeren

Zubereitungszeit: ca. 5 Min.

1 Die Kirschen waschen, halbieren und entkernen. Die Kirschtomaten ebenfalls waschen und halbieren. Die Limette auspressen.
2 Kirschen, Tomaten, Limettensaft und Goji-Beeren mit ca. 150 ml Wasser in den Mixer geben und pürieren.

AUCH FÜR KINDER TOLL

Sunset Surprise ist mit seiner schönen Färbung auch ideal, um Kinder von den leckeren Drinks zu überzeugen. Kirschen schmecken nicht nur super, sondern besitzen auch viele Mineralstoffe wie Kalium und Kalzium sowie einen hohen Zink-Anteil – ebenso gut für den Knochenaufbau des Nachwuchses wie für unseren Gewichtsverlust. Ganz nebenbei enthält dieser Smoothie auch noch eine gute Portion Gemüse in Form der Kirschtomaten.

Besonders reich an Vitamin C

LIQUID SUNSHINE

5 Bio-Orangen | 1 Bio-Limette | 2 Äpfel |
1 Stück Ingwer (etwa 1 cm lang) |
200 g TK-Himbeeren | 1 EL Rosinen oder anderes Süßungsmittel nach Belieben

Zubereitungszeit: ca. 10 Min.

1 4 Orangen auspressen. Die fünfte Orange schälen und zerteilen. Die Schale einer Orangenhälfte reiben. Die Limette halbieren und auspressen. Die Äpfel waschen, vierteln, entkernen und in kleine Stücke schneiden. Zum Schluss noch den Ingwer schälen (bei Bio-Ware nicht nötig) und halbieren oder reiben.
2 Alle Zutaten in den Mixer geben und pürieren. Bei Bedarf noch etwas Wasser hinzugeben.

Randvoll mit Satt- und Schlankmachern

SMOOTHIE ON THE BEACH

⅓ Ananas | 1 Mango | 1 Banane | 2 EL Goji-Beeren | 1 EL Hanfsamen oder gemahlener Hanf | 200 ml Kokosnusswasser | 1 EL Rosinen oder anderes Süßungsmittel nach Belieben

Zubereitungszeit: ca. 10 Min.

1 Die Ananas schälen und in Stücke schneiden. Die Mango schälen und das Fruchtfleisch vom Kern schneiden. Die Banane ebenfalls schälen und vierteln.
2 Alle Zutaten in den Mixer geben und pürieren. Auf niedriger Stufe beginnen und auf hoher Stufe zu Ende mixen.

Tropisch süß – und sättigend

CHIACOLADA

⅓ Ananas | 1 Banane | 2 EL Chia-Samen | 1 EL Kokosnussflocken | 200 ml Kokosnusswasser | 1 EL Rosinen oder anderes Süßungsmittel nach Belieben

Zubereitungszeit: ca. 10 Min.

1 Die Ananas schälen und in Stücke schneiden. Die Banane schälen und halbieren.
2 Alle Zutaten in den Mixer geben und pürieren. Wenn nötig, noch etwas nachsüßen.

Enzymreich und voller Vitamin C

WAKE UP!

2 Orangen | 1 Banane | 1 Stück Ingwer (etwa 1 cm) | 1 Handvoll Sprossen (z. B. Alfalfa oder Mungobohnen) | 2 TL Agavensirup

Zubereitungszeit: ca. 5 Min.

1 Die beiden Orangen schälen und zerteilen. Die Banane ebenfalls schälen und vierteln. Das Ingwerstück schälen (bei Bio-Ware nicht nötig) und halbieren oder reiben. Die Sprossen waschen und abtropfen lassen.
2 Alle Zutaten mit 200 ml Wasser in den Mixer geben und pürieren. Bei Bedarf nachsüßen.

Reich an Provitamin A und Ballaststoffen

APRIKOSIG

5 Aprikosen | 1 Birne | 3 Bio-Orangen | 1 EL goldener oder gemahlener Leinsamen

Zubereitungszeit: ca. 10 Min.

1 Die Aprikosen halbieren und entkernen. Die Birne waschen und klein schneiden. Die Orangen halbieren und auspressen. Die Schale einer Orangenhälfte reiben.
2 Alle Zutaten in den Mixer geben und pürieren. Fügen Sie beim Mixvorgang gegebenenfalls noch etwas Wasser hinzu.

Regt die Fettverbrennung an

HOT APPLE

3 Äpfel | 150 g grüne Weintrauben | ½ Bio-Zitrone | 1 Stück Ingwer (etwa 2 cm) | 1 Prise Cayennepfeffer | 1 Prise Ginseng-Pulver | 1 Prise Zimtpulver | 2 TL Agavensirup

Zubereitungszeit: ca. 10 Min.

1 Die Äpfel waschen, vierteln, entkernen und in kleine Stücke schneiden. Die Weintrauben waschen und von der Rebe lösen. Die Zitrone waschen und auspressen, die Zitronenschale reiben. Den Ingwer schälen (bei Bio-Ware nicht nötig) und halbieren oder reiben.
2 Alle Zutaten mit 200 ml Wasser in den Mixer geben und pürieren. Je nach Geschmack mit etwas Cayennepfeffer nachwürzen oder mit zusätzlichem Agavensirup stärker süßen.

Für das Energietief am Nachmittag

ENERGIZER

1 Teebeutel Mate-Tee oder loser Mate-Tee | 3 Pfirsiche | 5 Minzstängel | 100 g Weintrauben

Zubereitungszeit: ca. 5 Min.
Abkühlzeit: ca. 45 Min.

1 200 ml starken Mate-Teeaufguss bereiten und zum Abkühlen beiseite stellen. Inzwischen die Pfirsiche waschen, entkernen und vierteln. Die Minze ebenfalls waschen und trocken schüt-

teln, die Minzblätter abzupfen. Die Weintrauben waschen und von der Rebe lösen.
2 Sobald der Tee abgekühlt ist, mit allen anderen Zutaten in den Mixer geben und pürieren.

Enthält viel vom Fatburner Kalzium

SWEET & SOUR

1 Stange Rhabarber | 1 Mango | 1 Apfel | ½ Bio-Zitrone | 1 Handvoll Zitronenmelisse | 2 EL Rosinen oder anderes Süßungsmittel nach Belieben

Zubereitungszeit: ca. 10 Min.

1 Den Rhabarber waschen und klein schneiden. Die Mango schälen und das Fleisch vom Kern schneiden. Den Apfel waschen, vierteln, entkernen und in kleine Stücke schneiden. Die Zitrone heiß waschen und auspressen, die Schale abreiben. Die Zitronenmelisse waschen, trocken schütteln und klein schneiden.
2 Alle Zutaten mit 200 ml Wasser im Mixer pürieren. Falls gewünscht, mit weiteren Süßungsmitteln wie Agavensirup nachsüßen.

RHABARBER

Von diesem Smoothie sollten Sie ausnahmsweise nicht zu viel trinken, da Rhabarber leicht abführend wirkt.

Ein wahres Provitamin-A-Konzentrat

CREAMY CARROT

½ Mango | 2 Möhren | ½ Avocado |
2 Orangen | 1 TL Agavensirup

Zubereitungszeit: ca. 10 Min.

1 Die Mango schälen und das Fruchtfleisch vom Kern schneiden. Die Möhren waschen und klein schneiden. Die Avocado entkernen und aus der Schale löffeln. Die Orangen halbieren und auspressen.
2 Alle Zutaten mit 100 ml Wasser im Mixer zu einem cremigen Smoothie pürieren.

Farbenfroh und vitaminreich

PAPRIKAKUSS

1 rote Paprikaschote | 3 Mandarinen |
2 Feigen, frisch oder getrocknet | 1 Limette

Zubereitungszeit: ca. 5 Min.

1 Die Paprikaschote waschen, putzen und das Fruchtfleisch in kleine Stücke schneiden. Die Mandarinen schälen und zerteilen. Die Feigen waschen, wenn sie frisch sind, und vierteln. Die Limette halbieren und auspressen.
2 Alle Zutaten mit 150 ml Wasser im Mixer zu einem cremigen Smoothie pürieren.

Höchst effektiver Fatburner

VITAMINBOOSTER

1 Grapefruit | 2 Bio-Orangen | 1 Rote Bete |
1 EL Rosinen | 200 ml Cranberry-Saft (möglichst ungesüßt)

Zubereitungszeit: ca. 10 Min.

1 Die Grapefruit und die Orangen schälen und zerteilen. Die Schale einer Orangenhälfte reiben. Die Rote Bete waschen, schälen und klein schneiden oder raspeln.
2 Alle Zutaten in den Mixer geben und pürieren. Falls nötig, noch etwas Wasser hinzufügen und nach Belieben süßen.

Grüne Smoothies

Grün ist die Farbe des höchsten Wohlbefindens! Die folgenden Smoothies kommen mehr oder weniger stark in dieser Farbe daher – zu ihren Zutaten gehört immer auch eine Portion grünes Blattgemüse. Mal kleiner, mal größer, mal der sanfte Spinat, mal der kräftige Grünkohl. Chlorophyll satt aber heißt es in jedem Fall.

Ein leckerer Antioxidanzien-Cocktail
HAPPINESS

1 Granatapfel | 1 Möhre | 1 Apfel | 2 Handvoll Spinat | 2 EL Rosinen oder anderes Süßungsmittel nach Belieben

Zubereitungszeit: ca. 10 Min.

1 Den Granatapfel mit einem Messer halbieren, dann in Stücke brechen und die Kerne herauslösen. Die Möhre waschen und klein schneiden. Den Apfel waschen, vierteln, entkernen und klein schneiden. Den Spinat ebenfalls waschen, trocken schleudern und klein schneiden.
2 Alle Zutaten mit 200 ml Wasser im Mixer pürieren. Auf kleiner Stufe beginnen und allmählich zur höchsten Stufe übergehen.

Für Haut, Haar und Happiness
GODDESS-DRINK

3 Kiwis | ½ Gurke | 1 Handvoll Brunnenkresse | 2 Stängel Petersilie | 1 EL Rosinen oder anderes Süßungsmittel nach Belieben

Zubereitungszeit: ca. 5 Min.

1 Die Kiwis schälen (bei Bio-Ware nicht nötig) und vierteln. Die Gurke waschen und in Stücke schneiden. Brunnenkresse und Petersilie waschen, trocken schütteln und klein schneiden.
2 Alle Zutaten mit 100 ml Wasser in den Mixer geben und pürieren. Auf niedriger Stufe beginnen und langsam hochschalten.

Volle Abnehmkraft
GRÜNE ANANAS

⅓ Ananas | ½ Apfel | 1 Handvoll Spinat | 1 Stück Ingwer (etwa 1 cm lang) | 1 Handvoll Sprossen | 1 EL Hanfsamen (auch gemahlen) | 2 EL Goji-Beeren | 2 TL Agavensirup oder anderes Süßungsmittel nach Belieben

Zubereitungszeit: ca. 10 Min.

1 Die Ananas schälen und in Stücke schneiden. Den Apfel waschen, vierteln und entkernen. Den Spinat waschen, trocken schleudern, klein schneiden. Den Ingwer schälen (bei Bio-Ware nicht nötig) und halbieren oder reiben.
2 Alle Zutaten mit 200 ml Wasser in den Mixer geben und pürieren.

SPROSSEN: VITALSTOFFE PUR

Sprossen können Sie fertig im Bio-Laden kaufen oder in einem Keimglas selbst heranziehen. Bei der eigenen Sprossenzucht können Sie die unterschiedlichsten Sorten ausprobieren und sollten natürlich zwei bis vier Tage Zeit bis zur Ernte einplanen.

Reich an Antioxidanzien
HALLO BERRY!

1 Apfel | 1 Avocado | 1 Handvoll Spinat | 200 g TK-Beeren nach Wahl

Zubereitungszeit: ca. 5 Min.

1 Den Apfel waschen, vierteln, entkernen und in Stücke schneiden. Die Avocado halbieren, entkernen und das Fruchtfleisch aus der Schale löffeln. Den Spinat waschen, trocken schleudern und klein schneiden.
2 Alle Zutaten mit 200 ml Wasser in den Mixer geben und pürieren. Wenn nötig, mehrmals umrühren und noch etwas Wasser nachgießen.

Frisch, lecker, fruchtig
APFELKUCHEN IM GLAS

2 grüne Äpfel | 1 Banane | 1 Handvoll Spinat | 1 Vanilleschote | 2 entsteinte Datteln | 1 Prise Zimtpulver | 1 Prise Muskatnuss | 200 ml Apfelsaft

Zubereitungszeit: ca. 10 Min.

1 Die Äpfel waschen, vierteln, entkernen und in kleine Stücke schneiden. Die Banane schälen und halbieren. Den Spinat ebenfalls waschen, trocken schleudern und klein schneiden. Die Vanilleschote mit einem scharfen Messer längs aufschneiden und das Mark mit dem Messerrücken herauskratzen.
2 Alle Zutaten im Mixer pürieren.

103

SIMPLICITY

3 Äpfel | 1 Gurke | 1 Handvoll Feldsalat |
1 EL Rosinen oder anderes Süßungsmittel
nach Belieben

Zubereitungszeit: ca. 5 Min.

1 Die Äpfel waschen, vierteln, entkernen und in
Stücke schneiden. Die Gurke waschen und in
kleine Stücke schneiden. Den Spinat waschen,
trocken schleudern und klein schneiden.
2 Alle Zutaten mit 100 ml Wasser pürieren.

DARK MYSTERIES

200 g Blaubeeren | ½ Apfel | 2 Handvoll
Grünkohl | 3 entsteinte Datteln

Zubereitungszeit: ca. 5 Min.

1 Die Blaubeeren verlesen und waschen. Den
Apfel waschen, vierteln, entkernen und in kleine
Stücke schneiden. Den Grünkohl waschen, trocken schütteln und zerschneiden.
2 Alle Zutaten mit ca. 200 ml Wasser in den Mixer geben und pürieren.

GRÜNKOHL

Wenn Grünkohl weder frisch noch im Tiefkühlfach erhältlich ist, können Sie für diesen
Smoothie auch rotbraunen Batavia-Salat
oder Kohlrabiblätter verwenden. Und keine
Sorge wegen der Verdaulichkeit: Der Mixer
nimmt Ihrem Magen bereits eine gehörige
Portion Arbeit ab, denn er bricht die Zellulo-
sewände der Pflanzenzellen auf, die uns
sonst beim Grünkohl im rohen Zustand Ver-
dauungsprobleme bereiten können.

Besonders schmackhaft

TRUE HEALTH

3 Tomaten | 2 Äpfel | 1 Stange Sellerie |
3 Bio-Orangen | 1 EL Rosinen oder anderes
Süßungsmittel nach Belieben

Zubereitungszeit: ca. 10 Min.

1 Die Tomaten waschen und vierteln. Die Äpfel
waschen, vierteln, entkernen und klein schneiden. Den Sellerie waschen und in Stücke schneiden. Die Orangen waschen, auspressen, die
Schale einer Orangenhälfte reiben.
2 Alle Zutaten in den Mixer geben und pürieren. Wenn nötig, etwas Wasser hinzufügen.

Geballte Pflanzenpower

SCHOKOMINZE

100 g TK-Spinat | 1 Banane (möglichst in Stü-
cken tiefgefroren) | 3 Stängel Minze | 2 Äpfel |
1 Vanilleschote | 2 EL Kakao oder Carobpul-
ver | 200 ml Mandelmilch

Zubereitungszeit: ca. 5 Min.

1 Den TK-Spinat auseinanderbrechen. Die Banane, falls frisch, schälen und vierteln. Die Minze waschen, trocken schütteln, die Blätter vom
Stängel zupfen. Die Äpfel waschen, vierteln, entkernen, in Stücke schneiden. Die Vanilleschote
mit einem Messer längs aufschneiden, das Mark
mit dem Messerrücken herauskratzen.
2 Alle Zutaten im Mixer pürieren.

Fruchtig, mild & schnell zubereitet

SIMPLY GREEN

4 Pfirsiche | 2 Handvoll Spinat | 3 Stängel
Minze | 1 TL Agavensirup

Zubereitungszeit: ca. 5 Min.

1 Die Pfirsiche waschen, entkernen und vierteln. Spinat und Minze ebenfalls waschen und
trocken schleudern. Spinat klein schneiden,
Minzblätter vom Stängel zupfen.
2 Alle Zutaten mit 200 ml Wasser pürieren.

Für Energie & Zuversicht

COURAGE

1 Beutel milder Früchtetee | 200 g Johannis-
beeren | 1 Apfel | 2 Stängel Petersilie |
¼ Gurke | 2 TL Agavensirup oder anderes
Süßungsmittel nach Belieben

Zubereitungszeit: ca. 10 Min.
Abkühlzeit: ca. 45 Min.

1 Den Teebeutel mit 200 ml kochendem Wasser aufgießen, ziehen lassen und zum Abkühlen
beiseite stellen. Inzwischen die Johannisbeeren
waschen und die Beeren vom Zweig lösen. Den
Apfel waschen, vierteln, entkernen und klein
schneiden. Die Petersilie waschen, trocken
schütteln und klein schneiden. Die Gurke waschen und ebenfalls in Stücke schneiden.
2 Wenn der Tee abgekühlt ist, alle Zutaten in
den Mixer geben und pürieren.

Gibt freien Radikalen keine Chance

GRANATBOMBE

1 großer Granatapfel | 2 Pflaumen | 1 Limette |
1 kleine Handvoll Löwenzahn | 1 Prise Zimt |
2 EL Rosinen

Zubereitungszeit: ca. 10 Min.

1 Den Granatapfel halbieren, in Stücke brechen und die Kerne herauslösen. Die Pflaumen halbieren und entsteinen. Die Limette halbieren und auspressen. Den Löwenzahn waschen, trocken schütteln und klein schneiden.
2 Alle Zutaten mit 250 ml Wasser in den Mixer geben und pürieren.

GRANATAPFEL:
AM BESTEN NUR DIE KERNE

Die weißen Fruchtwände von Granatäpfeln sind zwar nährstoff- und ballaststoffreich, jedoch auch sehr bitter. Deshalb sollten sie aus Geschmacksgründen möglichst gründlich von den Kernen entfernt werden. Und keine Sorge, auch ohne sie ist der Granatapfel reich an Antioxidanzien und anderen Vitalstoffen. Neueren Studien zufolge soll er sogar gegen Depression helfen. Außerdem scheint er eine wichtige Rolle bei der Krebsabwehr zu spielen.

Fürs Immunsystem, auch im Winter

IRONISER

1 Rote Bete | 1 Handvoll Rote-Bete-Blätter |
2 Orangen | 1 Apfel | 1 Stück Ingwer
(etwa 1 cm lang)

Zubereitungszeit: ca. 10 Min.

1 Die Rote Bete schälen und vierteln oder reiben. Die Blätter waschen, trocken schütteln und klein schneiden. Die Orangen schälen und zerteilen. Den Apfel waschen, vierteln, entkernen und in Stücke schneiden. Ingwer schälen (bei Bio-Ware nicht nötig) und halbieren oder reiben.
2 Alle Zutaten mit 200 ml Wasser in den Mixer geben und pürieren.

Ein süßer Energielieferant

TROPICANA

¼ Ananas | 1 Orange | ½ Mango | 1 Pak Choi |
2 EL Goji-Beeren | 1 EL Sesam oder gemahlener Sesam | 200 ml Kokosnusswasser

Zubereitungszeit: ca. 10 Min.

1 Die Ananas schälen und in Stücke schneiden. Die Orange schälen und zerteilen. Auch die Mango schälen und das Fruchtfleisch vom Kern schneiden. Den Pak Choi waschen, trocken schleudern und klein schneiden.
2 Alle Zutaten im Mixer pürieren. Auf niedriger Stufe beginnen, langsam hochschalten, um den Smoothie auf höchster Stufe cremig zu mixen.

Für Gemüseliebhaber

BEET IT!

1 mittelgroße Rote Bete | 2 Äpfel | ½ Limette | 2 Handvoll Rucola | 2 Stängel Basilikum | 2 TL Agavensirup

Zubereitungszeit: ca. 10 Min.

1 Die Rote Bete schälen und achteln. Die Äpfel waschen, vierteln, entkernen und in kleine Stücke schneiden. Die Limette auspressen. Rucola und Basilikum waschen und trocken schütteln. Die Basilikumblätter vom Stängel zupfen.
2 Alle Zutaten mit 200 ml Wasser in den Mixer geben und pürieren. Nach Belieben noch etwas mehr Agavensirup hinzugeben.

Grün durch gesunden Brokkoli

HIDE THE VEGGIES

3 Birnen | 1 Banane | 200 g Brokkoli (frisch oder TK) | 2 TL Agavensirup

Zubereitungszeit: ca. 5 Min.

1 Die Birnen waschen, vierteln und entkernen. Die Banane schälen und vierteln. Den Brokkoli waschen, die Röschen klein schneiden.
2 Alle Zutaten mit 200 ml Wasser pürieren.

Allen Aufwand wert!

BRUCE L(YCH)EE

300 g Litschis | 1 Apfel | 1 Handvoll Spinat | 2 Stängel Petersilie | ½ Avocado | 1 EL Rosinen oder anderes Süßungsmittel nach Belieben

Zubereitungszeit: ca. 15 Min.

1 Die Litschis über einer Schüssel schälen und entkernen, den tropfenden Saft auffangen und später mit verwenden. Den Apfel waschen, vierteln, entkernen und in kleine Stücke schneiden. Spinat und Petersilie waschen, trocken schleudern und klein schneiden. Avocadokern entfernen und das Fruchtfleisch aus der Schale löffeln.
2 Alle Zutaten mit 200 ml Wasser pürieren.

Erfrischend anders

LIGHT SPIRIT

¼ Ananas | 2 Kiwis | 3 Stangen Sellerie |
1 EL Hanfsamen oder gemahlener Hanf |
1 EL Rosinen oder anderes Süßungsmittel
nach Belieben

Zubereitungszeit: ca. 10 Min.

1 Die Ananas schälen und in Stücke schneiden.
Die Kiwis schälen und vierteln. Den Sellerie waschen und klein schneiden.
2 Alle Zutaten mit 200 ml Wasser in den Mixer
geben und pürieren.

Entgiftend und schlankmachend

LIONHEART

2 Birnen | 1 Handvoll Löwenzahn | 1 TL Tahini
(Sesammus) | 1 Prise Zimt | 3 entsteinte
Datteln

Zubereitungszeit: ca. 5 Min.

1 Die Birnen waschen und vierteln. Den Löwenzahn waschen, trocken schütteln und schon etwas klein schneiden.
2 Alle Zutaten mit 200 ml Wasser in den Mixer
geben und pürieren.

Mit Vitalstoffen für ein langes Leben

LONGEVITY

300 g Kirschen | ½ Birne | 6 Kohlrabiblätter |
3 Stängel frische Minze | 1 EL Rosinen oder
anderes Süßungsmittel nach Belieben

Zubereitungszeit: ca. 10 Min.

1 Die Kirschen waschen, abtropfen lassen und
entsteinen. Die Birne waschen, vierteln, entkernen und klein schneiden. Kohlrabiblätter und
Minze waschen und trocken schütteln. Das Kohl-
rabigrün klein schneiden und die Minzblätter
vom Stängel abzupfen.
2 Alle Zutaten mit 200 ml Wasser in den Mixer
geben und pürieren.

Mit Provitamin A, Vitamin C und Kalium

BEAUTIFIER

300 g Nektarinen | ½ Limette | 2 Wirsing-
kohlblätter | 2 EL Goji-Beeren |
1 TL Agavensirup

Zubereitungszeit: ca. 10 Min.

1 Die Nektarinen waschen, entkernen und vierteln. Die Limette auspressen. Die Wirsingkohl-
blätter waschen und trocken schütteln, anschließend möglichst klein schneiden.
2 Alle Zutaten mit 200 ml Wasser in den Mixer
geben und pürieren. Auf niedriger Stufe beginnen und dann auf höchster Stufe cremig mixen.

Potenter, würziger Fettverbrenner

HEALTH ADVENTURES

3 Radieschen | 1 Handvoll Radieschengrün |
1 Handvoll Spinat | 2 Birnen | 1 Stange Selle-
rie | ¼ Ananas | 1 EL Rosinen oder anderes
Süßungsmittel nach Belieben

Zubereitungszeit: ca. 10 Min.

1 Die Radieschen waschen und vierteln. Das
Radieschengrün und den Spinat waschen, trocken schleudern und klein schneiden. Birnen
sowie Stangensellerie waschen und in Stücke
schneiden. Die Ananas schälen und ebenfalls in
kleine Stücke schneiden.
2 Alle Zutaten mit 200 ml Wasser in den Mixer
geben und pürieren.

Ein Maximum an Vitalstoffen

GREEN LOVERS

200 g Brokkoli | 1 mittelgroße Zucchini |
2 Wirsingkohlblätter | 1 Handvoll Spinat |
1 grüner Apfel | ½ Zitrone | 1 Stück Ingwer
(etwa 1 cm lang) | 1 TL Agavensirup

Zubereitungszeit: ca. 10 Min.

1 Brokkoli und Zucchini waschen und klein
schneiden. Die Kohlblätter und den Spinat
ebenfalls waschen, trocken schleudern und klein
schneiden. Den Apfel waschen, vierteln, entkernen und in kleine Stücke schneiden. Die Zitrone
auspressen. Den Ingwer schälen (bei Bio-Ware
nicht nötig) und halbieren oder reiben.
2 Alle Zutaten mit 200 ml Wasser in den Mixer
geben und pürieren. Für mehr Cremigkeit nach
Bedarf etwas mehr Wasser hinzufügen.

TIPP

TROCKENFRÜCHTE EINWEICHEN
Trockenfrüchte wie Rosinen, aber
auch Nüsse und Samen können Sie
vor dem Mixen für ein paar Stunden
einweichen. Das macht sie leichter
verdaulich und leichter zu verarbeiten. Sie können aber ebenso gut direkt genutzt werden, vor allem wenn
Ihr Mixer kraftvoll genug ist, sie dennoch geschmeidig mit einzumixen.

Detox-Rezepte für den Abend

Drei Alternativen für Detox-Dinner – zum Austauschen von Mahlzeiten im Smoothie-Programm sind sie genauso gut geeignet wie zur Inspiration noch lange Zeit nach der eigentlichen Diät.

Entwässert, erfrischt und entgiftet

BLITZSCHNELLER GURKENSALAT

1½ Bio-Gurken | 1 Avocado | 2 Frühlingszwiebeln | 2 Stängel Petersilie | 2 EL weißer Balsamico-Essig | 2 TL Olivenöl | Meersalz | Pfeffer

Zubereitungszeit: ca. 10 Min.

1 Die Gurken waschen, längs vierteln und in schmale Stücke schneiden. Die Avocado halbieren, entkernen, das Fruchtfleisch aus der Schale schaben und würfeln. Mit der Gurke in eine Salatschüssel geben. Frühlingszwiebeln und Petersilie waschen, trocken schütteln und hacken. Zum Gurkensalat hinzugeben.
2 Mit Essig, Öl, Salz und Pfeffer abschmecken.

GURKEN ERFRISCHEN

Gurken erfrischen nicht nur in Smoothies, sondern auch in diesem schmackhaften Detox-Gericht. Die Avocado darin sorgt für eine sanftere Konsistenz und schenkt Ihnen zudem ein anhaltendes Sättigungsgefühl.

Leicht und sättigend

GEGRILLTE AUBERGINE MIT ROTE-BETE-SALAT

1 mittelgroße Aubergine | 1 Knoblauchzehe | 5 TL Olivenöl | 1 TL italienische Kräuter | Meersalz | Pfeffer | 2 Rote Bete | 100 g Himbeeren (frisch oder TK) | 2 EL Apfelessig | 1 TL Agavensirup | 1 TL Senf

Zubereitungszeit: ca. 25 Min.

1 Die Aubergine waschen und quer in schmale Scheiben schneiden. 4 TL Olivenöl in einen tiefen Teller geben. Die Knoblauchzehe abziehen und über dem Öl pressen. Anschließend die Auberginenscheiben im Knoblauchöl wenden.
2 Die Auberginenscheiben in einer Grillpfanne von beiden Seiten je 5 Min. grillen. Mit den Kräutern, Salz und Pfeffer würzen.
3 Für den Salat die Rote Bete waschen, schälen (bei Bio-Ware nicht nötig) und raspeln. Die Himbeeren mit dem restlichen TL Olivenöl, Essig, Agavensirup, Senf, Salz und 2 EL Wasser im Mixer oder mit dem Pürierstab mixen. Als Dressing über den Salat geben und mit den gegrillten Auberginenscheiben servieren.

ROTE BETE ROH GENIESSEN

Rote Bete ist auch roh ein Genuss und in geraspelter Form besonders gut verdaulich. Ungekocht ist sie noch richtig vital, und so bleiben auch die meisten ihrer Mikronährstoffe wie Vitamin B, Kalium und Eisen erhalten.

Leichtes Sommer-Dinner

ZUCCHINI-NUDELN MIT PAPRIKA-TOMATEN-SOSSE

½ rote Paprikaschote | ½ gelbe Paprikaschote | 1 kleine Zwiebel | 1 TL Kokosnussöl | 2 EL Tomatenmark | 300 g Tomaten | 100 ml passierte Tomaten | Meersalz | Pfeffer | 1 TL Agavensirup | 3 Stängel Basilikum | 1 Knoblauchzehe | 1 großer Zucchino

Zubereitungszeit: ca. 40 Min.

1 Für die Soße die Paprikaschoten halbieren und entkernen. Die Hälften waschen und in kleine Würfel schneiden. Die Zwiebel schälen und ebenfalls fein würfeln. Das Öl in einer Pfanne er-

hitzen und die Gemüsewürfel etwa 3 Min. anbraten. Danach das Tomatenmark hinzufügen und kurz mit anschwitzen.

2 Die Tomaten waschen und in sehr kleine Stückchen schneiden. Die angebratenen Gemüsewürfel mit der Passata und den gehackten Tomaten ablöschen. Mit Salz, Pfeffer und Agavensirup abschmecken. Das Basilikum waschen, trocken schütteln und klein hacken, die Hälfte zur Soße geben. Ca. 15 Min. köcheln lassen.

3 Anschließend Knoblauchzehe abziehen und sehr fein hacken oder pressen. Zur Soße hinzugeben, weitere 5 Min. köcheln lassen.

4 Den Zucchino waschen und längs mit einem Sparschäler in feine Streifen schneiden. Auf einem Teller anrichten und die Soße darübergießen. Mit dem übrigen Basilikum garnieren.

Detox-Desserts

Manchmal sind kleine Belohnungen ein besserer Ansporn als große Verbote – gerade wenn sie so sündig gesund sind wie die hier folgenden drei Dessert-Varianten.

Perfekter Genuss
SCHOKO-KOKOS-TRÜFFEL

50 ml Kokosnussöl | 300 g Kokosnussraspel | 100 g Carob- oder Kakaopulver (ungesüßt) | ½ Vanilleschote | 3 EL Agavensirup | 1 Prise Zimtpulver

Zubereitungszeit: ca. 15 Min.
Kühlungszeit: ca. 6 Std.

1 Falls das Öl fest ist, über dem Wasserbad erhitzen, bis es wieder flüssig wird. Vom Herd nehmen und kurz abkühlen lassen.

2 4 EL Kokosnussraspel zur Seite legen, den Rest mit dem Carob- oder Kakaopulver in einer Schüssel vermischen. Die Vanilleschote mit einem scharfen Messer längs aufschneiden und mit dem Messerrücken das Mark herauskratzen. Zur Kokosmasse hinzufügen.

3 Das flüssige Kokosöl und den Agavensirup zur Masse hinzugeben, mit etwas Zimtpulver würzen und alles vermengen. Wenn nötig, etwas Wasser hinzufügen, aber die Masse sollte eher fest und zähflüssig sein. Wenn sie zu flüssig wird, fügen Sie mehr Kokosnussraspel hinzu.

4 Mit den Händen 15 bis 20 kleine Trüffel formen. Falls die Masse zu klebrig ist, können Sie sich Einmal-Handschuhe anziehen.

5 Die übrigen Kokosnussraspel auf einem Teller oder der Arbeitsfläche ausbreiten und die Trüffel darin wenden. Anschließend luftdicht verpacken. Im Kühlschrank für 6 Std. fest werden lassen. Gekühlt servieren und genießen.

GENUSS AUF VORRAT

Die Trüffel können auch sehr gut im Tiefkühlfach aufbewahrt werden. Sie können also leicht in größeren Mengen zubereitet werden, sodass Sie jederzeit mit etwas Gesundem und Leckerem für Schokogelüste gewappnet sind.

Schlankmachende Fette, göttliche Süße

HIMMLISCHE VANILLE-MOUSSE

1 Avocado | 1 Banane | 1 Vanilleschote |
2 TL Agavensirup

Zubereitungszeit: ca. 5 Min.

1 Die Avocado halbieren, entkernen und das Fruchtfleisch aus der Schale löffeln. Die Banane schälen und vierteln. Die Vanilleschote mit einem scharfen Messer längs aufschneiden und mit dem Messerrücken das Mark herauskratzen.

2 Alle Zutaten in den Mixer geben und pürieren. Während des Mixvorgangs vorsichtig etwa 4 EL Wasser hinzugeben.

Leckerer Energielieferant

OFENFRISCHE FRUCHT-NUSS-RIEGEL

200 g getrocknete Aprikosen | 50 g entsteinte Datteln | 50 g Goji-Beeren | 10 Mandeln | 10 Walnüsse | 2 EL Sonnenblumenkerne | 2 EL Kürbiskerne | 2 EL Sesam | 2 EL Leinsamen | 3 Bio-Orangen | 2 EL Agavensirup | 50 g gepuffter Amaranth | 50 g Haferflocken | 1 Prise Zimtpulver

Zubereitungszeit: ca. 20 Min.
Backzeit: 25 bis 35 Min.

1 Die Aprikosen und Datteln in der Küchenmaschine oder mit einem Messer klein hacken. Beeren, Nüsse und Samen ebenfalls klein hacken oder in die Küchenmaschine hinzugeben. Die Orangen entsaften und die Schale einer Orangenhälfte reiben.

2 Frucht-Nuss-Masse in eine Schüssel geben. Orangensaft, Orangenabrieb, Agavensirup, Amaranth, Haferflocken und Zimtpulver hinzugeben. Alles kneten und zu einer zähflüssigen, aber streichfähigen Masse vermengen. Wenn nötig sollten Sie mehr Orangensaft oder mehr Haferflocken hinzufügen, um die Masse zu verdünnen oder fester werden zu lassen.

3 Den Backofen auf 160° vorheizen. ein Backblech mit Backpapier auslegen und die Masse gleichmäßig darauf verteilen. Je nach Dicke 25 bis 35 Min. backen.

4 Ca. 5 Min. abkühlen lassen, dann mit einem Messer in etwa 12 Riegel schneiden.

BEREIT FÜR JEDES ABENTEUER

Ob für die Bergwanderung oder eine Großstadttour – diese Riegel bringen Power, ohne den Körper zu belasten. Wer diese kleinen Kraftpakete in der Tasche hat, wird bei keinem der Schlemmerangebote schwach, die überall mit weniger gesunden Zutaten auf Heißhungrige warten.

UND DANACH? DIE SMOOTHIE-DIÄT ALS NEUANFANG

Entscheidend dafür, wie viel Sie auf lange Sicht abnehmen, ist Ihre Lebensweise nach der Smoothie-Woche. Und damit sie zum idealen (Wieder-)Einstieg in einen gesunden Lebensstil wird – dem eigentlichen Schlüssel zu Ihrem Wohlfühlgewicht –, erhalten Sie hier Anregungen, wie Sie weitere kurze oder lange Smoothie-Programme gestalten können, aber auch, wie Sie das fiese Gewichts-Jo-Jo endgültig aus Ihrem Leben entsorgen.

Die Diät verlängern & noch mehr Kilos verlieren

Das siebentägige Smoothie-Programm bringt den Stoffwechsel in Schwung, kurbelt die Fettverbrennung an und bringt die ersten Kilos zum Schmelzen. Einige führt es direkt zum Ziel, denn sie trennen nur ein paar Pfunde vom eigenen Wohlfühlgewicht. Falls Sie jedoch noch einen längeren Weg vor sich haben und etwas mehr Starthilfe benötigen, können Sie das Programm auch problemlos auf 14 oder sogar 21 Tage verlängern. Das ist besonders bei stärkerem Übergewicht empfehlenswert. Auch bei häufigen Diäten in der Vergangenheit kann sich ein solcher Schritt lohnen, denn dann braucht der Stoffwechsel oftmals etwas länger, um wieder ins Gleichgewicht zu kommen. Wiederholen Sie also die Programmwoche noch ein- oder auch zweimal und tauschen Sie die Rezepte dabei nach Belieben gegen Alternativen aus dem Rezeptepool ab Seite 94 aus.

Adé, Jo-Jo-Effekt! Tschüss, Gewichtstrampolin!

Wie ein Jo-Jo schwingt es erst herunter, dann rasant wieder herauf– unser Gewicht bei einer Crash-Diät. Und genauso verhält es sich mit unseren Gefühlen: Die große Freude über den anfänglichen Erfolg beim Abnehmen wird nur kurze Zeit später durch Frustration, Ärger und Enttäuschung abgelöst, sobald die neuen Hosen nicht mehr passen oder die Anzeige auf der Waage am ursprünglichen Nach-Diät-Gewicht vorbei wieder in die Höhe schnellt.

Emotionales und körperliches Achterbahnfahren, das ist es leider, worauf wir uns bei allen möglichen Extrem-Diäten, Hungerkuren und Schlankheitspillen einlassen. Und das bedeutet Stress für unseren Körper und unsere Seele, wodurch der Fettabbau natürlich zusätzlich erschwert wird. Unsere Reaktion: Aufgeben, bis die nächste Trend-Diät oder Wunderpille uns unhaltbare Versprechungen macht.

Was löst den Jo-Jo-Effekt aus?

Das Gewichtstrampolin steht immer dann plötzlich im Zimmer, wenn Ihr Körper auf sein Notfallprogramm umschaltet. Das geschieht beispielsweise bei Crash-Diäten mit stark verringerter Kalorienzufuhr. Dieser unschöne Mechanismus soll eigentlich unser

Überleben bei Hungersnöten sicherstellen, erfüllt evolutionär also einen klaren Zweck. Nur kann unser Körper natürlich nicht zwischen selbst verschriebenem Hungern während einer Diät und einem akuten Lebensmittelmangel durch eine Krise unterscheiden. Deshalb fährt er unseren Energieverbrauch auch dann stark herunter, wenn wir abnehmen wollen und eine entsprechende Kur machen. Selbst bei gleichbleibender Belastung verbrennen wir dann weniger Kalorien, denn der Körper stellt sich auf ein absolutes Minimum ein, mit dem er möglichst lange überleben kann. Was passiert jedoch, wenn die Diätzeit wieder vorbei ist? Unsere Kalorienaufnahme schnellt in die Höhe, während unser Körper noch auf die verringerte Nährstoffzufuhr programmiert ist und so weiterhin weniger Kalorien in Energie umwandelt und für zukünftige Notsituationen mehr von ihnen auf den Hüften parkt. Der Teufelskreis ist in Gang gesetzt. Glücklich ist somit am Ende nur die Diät-Industrie und ihre vielen Ableger, die allein in Deutschland Umsätze in Milliardenhöhe verzeichnen. Unsere Hauruck-Versuche beim Abnehmen kommen ihnen nur zugute, helfen uns selbst aber leider überhaupt nicht weiter.

Abnehmen auf lange Sicht

Der Teufelskreis aus Hungerzeiten und erneutem Zunehmen ist es, den es zu durchbrechen gilt. Helfen kann hierbei das Smoo-

thie-Programm, denn bei ihm haben Sie die wichtigsten Eckpfeiler eines gesunden Lebensstils bereits hautnah kennengelernt und praktiziert: die Versorgung des Körpers mit all den Nährstoffen, nach denen er wirklich hungert, und eine vitale Lebensweise, die neben gesunder Ernährung auch eine angemessene Portion Bewegung beinhaltet. Diese zwei Seiten der Abnehmmedaille ergeben zusammen genau die richtige Auszeichnung für Gewinner im Kampf gegen die überflüssigen Pfunde.

Solange Sie also das Smoothie-Programm als (Wieder-)Einstieg in einen natürlichen Lebensstil wahrnehmen, und auch in der Zeit danach häufig Smoothies und basische Lebensmittel anstelle von industriell hergestellten Produkten genießen, kommen Sie behutsam und mit Ruhe zu Ihrem Gewichts- und Wohlfühlziel und können dort ein Leben lang verweilen. Dass das Ganze auch noch Freude macht, ist ein schöner Nebeneffekt, der das Dranbleiben garantiert.

TURBO-KUR NACH FEIERTAGEN & FUTTERANFÄLLEN

Ein Smoothie-Wochenende zwischendurch kann Sie wieder auf Kurs bringen,
wenn Sie die Richtung kurzzeitig aus den Augen verloren haben.

Die Programmwoche können Sie bei Bedarf jederzeit wiederholen. Mitunter aber benötigen Sie gar kein vollständiges Wochenprogramm. Wenn Sie sich eine längere Zeit gesund und ausgewogen ernähren, dann aber plötzlich doch in alte Muster rutschen, sind kurze Auffrischer in Sachen Frischkost absolut ausreichend. Vor allem, wenn Weihnachtsfeiertage, Hochzeitsfeiern oder großer Stress auf der Arbeit Ihre guten Vorsätze und Angewohnheiten in Gefahr bringen oder gar schon unterhöhlt haben.

An sich ist das nicht weiter schlimm, wenn Sie im Anschluss direkt wieder auf die gesunde Seite des Lebens zurückkehren. Nur kommt ein Stück Hochzeitstorte selten allein, und auch die Tafel Frust-Schokolade bringt meist direkt ihre vielen zuckersüßen Freundinnen mit. Bevor Sie sich in solchen Fällen also in einer Spirale aus schlechtem Gewissen, verführerischen Dickmachern und dem bekannten »Morgen mache ich alles wieder anders« verlieren, lohnt sich eine Turbo-Kur mit Smoothies, die einfach nur zwei oder drei Tage dauert.

WENIGE TAGE ÄNDERN ALLES

Vorab zu einem solchen Wochenend-Programm sollten Sie einen Einstiegstag einlegen, bei dem Sie bestimmte Lebensmittel bereits meiden und andere verstärkt in Ihren Ernährungsplan für den Tag einbauen – genau wie am Anfang der Wochenkur, siehe ab Seite 57. Für die Turbo-Kur selbst wählen Sie zwei oder drei Ihrer Lieblingstage des Smoothie-Programms aus, siehe ab Seite 77. Im Anschluss an die Kur helfen Ihnen dann die Tipps für einen langfristig schlanken Lebensstil ab Seite 118.

Genusstermine mit sich selbst ausmachen - darauf können Sie sich freuen.

15 Wegbegleiter ins natürlich schlanke Leben

Das Smoothie-Programm ist eine eher kurze Kur, die das Leben nachhaltig verändern soll. Es versteht Diät als »Lebensweise«, so wie das Wort auch von seinen Ursprüngen im Griechischen her definiert ist. Deshalb hier zum Abschluss noch einige positive Lebensregeln, die Ihren Erfolg beim Schlankwerden und -bleiben auch lange nach dem Smoothie-Programm gewährleisten.

1. Gesunder Lebensstil statt lebenslange Diäten

Abkürzungen beim Abnehmen wie Null-Diäten oder Schlankheitspillen bringen nur das gefürchtete Gewichts-Jo-Jo mit sich. Gerade wenn Sie schon viele Diäten hinter sich haben und Ihr Stoffwechsel erst wieder ins Gleichgewicht kommen muss, gibt es nur eine richtige Entscheidung: die für einen gesunden Lebensstil, bei dem Sie langsam, aber kontinuierlich Pfunde verlieren und neue Lebensfreude entdecken.

2. Natürlich aus der Natur

Ihr Körper liebt naturbelassene Lebensmittel. Sie machen lange satt, liefern wichtige Nähr- und Vitalstoffe und sind frei von künstlichen Zusätzen, die den Hormonhaushalt durcheinanderbringen. Vollwertige Produkte sollten stets die Basis Ihrer Ernährung bilden, während Fertigprodukte und stark verarbeitete Lebensmittel wie Zucker oder Weißmehl als gelegentliche Genusshappen nur noch eine Nebenrolle erhalten.

3. Trinken, trinken, trinken

Zwei bis drei Liter Wasser, Kräutertee und frische (verdünnte) Säfte sollten täglich auf den Tisch kommen. Das hält Ihren Stoffwechsel in Schwung, schützt vor Kopfschmerzen und sogar vor kleinen Gelüsten. Denn häufig deuten wir Durst fälschlicherweise als Hungergefühl – ein großes Glas Wasser schafft da Abhilfe. Abnehmgegner sind Limonaden und Soft-Drinks, gezuckerter Nektar, süßer Kaffee oder Tee, Bier.

> **Sie können Ihrem Körper nichts Besseres geben als frisches Gemüse, Blattgrün und Obst, möglichst in Bio-Qualität.**

4. Smoothies forever!

Es gibt keinen Grund, dass Ihre Smoothie-Zeit mit dem Programm nach einer oder zwei Wochen endet. Im Gegenteil, jetzt wissen Sie genau, was für Smoothies Ihnen schmecken und wie sie wirken. Die vitalisierende, entgiftende und schlankmachende Kraft dieser besonderen Drinks sollten Sie also auch in Zukunft täglich nutzen.

5. Vorbei mit den Verboten!

Auch wenn Pizza, Keks, Croissant & Co. nicht täglich in Ihren Essensplan gehören, sollten sie auch nicht total verbannt werden. Zwang und absolute Verbote führen nur zu Stress und Essanfällen, und beides resultiert in einem ungesunden Auf und Ab Ihres Gewichts und Ihres Wohlbefindens. Besser ist es, auch mal Gerichte zu genießen, die zwar nicht ganz oben auf der Gesundheitsskala stehen, Sie aber dennoch glücklich machen. Das schützt vor Heißhunger und der »Morgen wird alles anders«-Einstellung.

6. Immer in Bewegung bleiben

Kalorien verbrennen statt zählen, dieses Motto haben Sie schon im Smoothie-Programm kennengelernt. Haben Sie sich dort angewöhnt, danach zu leben, sollten Sie das auf jeden Fall beibehalten. Die Freude am Sport ist dabei wichtiger, als bestimmten Programmen zu folgen, denn so bleiben Sie auch auf lange Sicht am Ball, an den Hanteln oder auf der Yoga-Matte. Bauen Sie einfach jeden zweiten Tag Bewegung in Ihren Alltag ein. Das hat einen tollen Schneeballeffekt: Ihr Körper fordert mehr Flüssigkeit und frische Nahrung – Sie essen also umso gesünder. Und: Der innere Schweinehund hat bald keine Puste mehr zum Knurren.

7. Ihr Körper weiß es am besten

Die Ernährung mit naturbelassenen Lebensmitteln führt Ihren Körper zurück ins Gleichgewicht und erlaubt Ihnen, sich stärker auf seine Signale zu verlassen. Richten Sie Ihre Mahlzeiten also nicht nach der Uhr, sondern nach ihm aus. Essen Sie erst, wenn Sie wirklich hungrig sind, und lassen Sie sich beim Auswählen der Zutaten oder dem Zubereiten von Ihrem Bauchgefühl leiten. Das rät viel öfter zu knackigen Salaten und Power-Früchten als zu Pommes und Torte.

8. Unterwegs gut ausgestattet

Wenn unterwegs Hunger aufkommt, wird es schwierig, Verlockungen zu ignorieren. Würzige Nudeln mit Glutamat, Currywurst mit Geschmacksverstärkern, Zimtschnecken voller Zucker – da hilft nur eins: eine Alternative griffbereit in der Tasche. Gewöhnen Sie sich an, stets etwas Obst, ein paar Nüsse oder zuckerfreie Müsliriegel einzustecken, bevor Sie aus dem Haus gehen.

9. Die Waage verbannen

Regelmäßiges Wiegen hat viele mögliche Folgen wie Stress, Frustration, emotionales Pingpong und regelrechte Besessenheit. Leichteres Abnehmen gehört nicht dazu. Letztlich ist die Zahl auf der Waage ein schlechter Indikator für Ihren Erfolg: Durch mehr Bewegung ersetzen Sie nämlich Fett durch Muskeln, die mehr wiegen. Also: Am besten nur einmal wöchentlich wiegen und die Waage dann in den Schrank verbannen. Mehr Informationen liefert Ihnen übrigens eine Waage mit Bio-Impedanzanalyse, die auch den Körperfettanteil misst.

MEIN PERSÖNLICHER TIPP

AKTIVITÄTEN, DIE GLÜCKLICH MACHEN Es gibt so viele herrliche Dinge, mit denen wir uns so richtig verwöhnen können.

Machen Sie sich am besten Ihre persönliche Liste mit Genuss-Unternehmungen, die Ihnen besonders guttun. Meine Liste sieht so aus:

- Lange Spaziergänge
- Warmer Tee und ein gutes Buch
- Schneeballschlacht, Schlittenfahren
- Sonne tanken
- Meditieren
- Kuscheln und Umarmungen
- Tagebuch schreiben
- Sich selbst Blumen schenken
- Ans Meer fahren
- Kunst betrachten
- Sich bekochen lassen
- Einen Spieleabend organisieren
- Malen und Kreieren
- Lieben
- Loslassen

10. Vom Stress nicht stressen lassen

Entdecken Sie neue Wege, mit Stress und negativen Gefühlen umzugehen. Oftmals ist emotionales Essen eine der Ursachen des Übergewichts, das heißt, wenn wir emotional überfordert sind, greifen wir zu Fettigem oder Süßem. Deshalb ist es wichtig, gesunde Alternativen zu diesem Verhalten zu finden, denn Schokolade hilft gegen Liebeskummer genauso wenig wie Eiscreme gegen einen ungerechten Chef. Schreiben Sie sich eine Liste mit den Dingen, die Ihnen Freude bereiten, und tragen Sie sie immer bei sich, um sich jederzeit von ihr inspirieren zu lassen.

11. Schlank geschlafen

Zu wenig Schlaf wirkt ähnlich wie Stress. Weniger als fünf Stunden Schlaf pro Nacht bringen unseren Hormonhaushalt aus der Balance, »Hungerhormone« nehmen zu, »Sättigungshormone« werden weniger. An Schlaf sollten Sie also nicht sparen.

12. Keine Hunger-Streiks

Fahren Sie Ihre Kalorienzufuhr nicht plötzlich extrem runter, nur um in kurzer Zeit ein bestimmtes Ergebnis auf der Waage zu erzielen. Dafür zahlen Sie am Ende immer doppelt – mit Extra-Kilos, die Ihr Körper aus Protest zusammensammelt, und mit einem demolierten Stoffwechsel, der das erneute Loswerden der neuen Pfunde noch schwerer macht. Anstatt sich für ein besonderes Event zurück ins Lieblingskleid zu hungern, investieren Sie lieber in einen Friseurbesuch oder eine Maniküre. Es gibt viele Wege, um sich schnell wieder schön zu fühlen, auch ohne langfristige Schäden.

13. In der Ruhe liegt die Kraft

Bis unser Gehirn vom Magen das Signal erhält, dass er voll ist, vergehen gut zwanzig Minuten. In der Zeit essen wir aber meist weiter und haben am Ende ein unangenehmes Völlegefühl. Bei den Mahlzeiten dürfen Sie sich also gern etwas Zeit nehmen, dann spüren Sie direkt, wenn Sie satt sind.

14. Allergien und Unverträglichkeiten

Eine oft unerkannte Ursache für Übergewicht liegt in einer Lebensmittelunverträglichkeit. Die Zahl derer, die zum Beispiel an Gluten- oder Laktoseintoleranz leiden, nimmt stetig zu. Bleibt eine solche Unverträglichkeit unentdeckt, verursacht sie oftmals Verdauungsbeschwerden und Lethargie. Wenn Sie den Verdacht hegen, dass Sie bestimmte Lebensmittel nicht vertragen, lassen Sie sich am besten auf Lebensmittelallergien testen. Da ein solcher Test jedoch teuer ist, können Sie stattdessen auch Ihre Reaktion auf die zwölf häufigsten Allergieauslöser beobachten: Eier, Milchprodukte, Nüsse, Fisch, Krebstiere, Soja, Erdnüsse, Schwefeldioxid, Gluten, Sellerie, Sesam und Senf. Streichen Sie je eine mögliche Allergiequelle

Ausreichend Schlaf ist ebenso wichtig wie ausreichend Bewegung.

für etwa 14 Tage konsequent aus Ihrer Ernährung und führen Sie Protokoll darüber, wie Sie sich währenddessen fühlen.

15. Ein Herz für Gemüse

Noch ein letztes Mal soll es betont werden: Die hohe Nährstoffdichte vor allem von Gemüse gewährleistet, dass Sie viele Vitalstoffe bei wenig Kalorien zu sich nehmen. Genau das hält fit und schlank.

Bücher, die weiterhelfen

Bücher aus dem GRÄFE UND UNZER Verlag

Sandjon, Chantal-Fleur
Rohvolution

Guth, Dr. med. Christian / Hickisch, Burkhard
Grüne Smoothies

Dusy, Tanja
Smoothies

Grillparzer, Marion
Simply Detox

Staabs, Nicole
Detox

Wacker, Andreas und Sabine
300 Fragen zur Säure-Basen-Balance

Kraske, Dr. med. Eva-Maria
Säure-Basen-Balance

Hederer, Markus
Laufen statt Diät

Linnartz, Kerstin
All about Yoga

Orzech, Petra
Slim Yoga

Pichler, Anton
Die 7-Minuten-Buddha-Meditation

Schneider, Maren
Crashkurs Meditation

Zellner, Anita / Hofmann, Helga
Wildkräuter & Wildfrüchte bestimmen leicht gemacht

Weitere Literatur zum Thema

Birkel, Jörg / Reymann, Doreen
Der Lauf-Guide für Frauen
Blv Buchverlag

Boutenko, Victoria
Green for Life
Hans Nietsch Verlag

Dreyer, Eva-Maria
Essbare Wildkräuter und ihre giftigen Doppelgänger
Franckh Kosmos Verlag

Grillparzer, Marion
Mini-Trampolin
Südwest-Verlag

Adressen, die weiterhelfen

www.foodwatch.de
Der engagierte Verein informiert Verbraucher über Wahrheit und Täuschung in Sachen Lebensmittelindustrie. Regelmäßig werden politisch wirksame Kampagnen gestartet, bei denen man mit aktiv werden kann. Eine Seite, auf der sich gesundheitliches und politisches Interesse miteinander verbinden.

www.slowfood.de
Nicht nur in Ruhe, sondern auch mit gesunden Zutaten zu essen, ist den Anhängern der Slow-Food-Bewegung wichtig. Auf Ihrer Seite erfahren Sie alles übers bewusste Genießen.

www.mundraub.org
Alles über frei zugängliche Obstwiesen und andere Orte, an denen die Natur mit Essbarem aufwartet. Zudem gibt es hier regionale Infos und einen regen Austausch der Seitenbesucher über Fundorte von Obstbäumen, Beerenhecken oder Wildkräuterwiesen.

www.fitforfun.de
Jede Menge Tipps und Infos rund um die sportliche Betätigung und das gesunde Mehr an Bewegung.

www.yogamour.de
Yoga-Videos zum Mitüben und Nachmachen.

Sachregister

Rezeptregister

Impressum

© 2014 GRÄFE UND UNZER VERLAG GmbH, München Alle Rechte vorbehalten. Nachdruck, auch auszugsweise, sowie Verbreitung durch Bild, Funk, Fernsehen und Internet, durch fotomechanische Wiedergabe, Tonträger und Datenverarbeitungssysteme jeder Art nur mit schriftlicher Genehmigung des Verlages.

Projektleitung: Anna Cavelius
Lektorat: Diane Zilliges, Murnau
Bildredaktion: Julia Fell
Umschlaggestaltung und Layout: independent Medien-Design, Horst Moser, München
Herstellung: Petra Roth
Satz: griesbeckdesign, München
Reproduktion: Repro Ludwig, Zell am See
Druck und Bindung: Firmengruppe APPL, aprinta Druck, Wemding

ISBN 978-3-8338-3684-8

1. Auflage 2014
Die GU-Homepage finden Sie unter www.gu.de

Ein Unternehmen der
GANSKE VERLAGSGRUPPE

Bildnachweis

Cover und Rezeptfotos: Eising Foodphotography (Martina Görlach), München

Weitere Fotos:
Corbis: S. 8, 26, 34; Klaus-Maria Einwanger: S. 44; F1 Online: S. 18; Fotolia: S. 20, 70, 117; Getty Images: S. 72; Glowimages: S. 76; Jump foto: S.6, 75; Kramp + Göllin: S. 23, 29; mauritius Images: S. 17; Photocuisine: S. 59; Plainpicture: S. 11, 41, 114, 121; Wolfgang Schardt: S. 5. 64; Ulrike Schmid + Sabine Mader: S. 63; Peter Schulte: S. 48; Nicole Stich: S. 32; Shutterstock: S. 46, 53
Autorenfoto: Oliver G. Seifert, Berlin
Illustration S. 43: Julian Rentzsch

Syndication:
www.jalag-syndication.de

Wichtiger Hinweis

Die Gedanken, Methoden und Anregungen in diesem Buch stellen die Meinung bzw. Erfahrung des Verfassers dar. Sie wurden vom Autor nach bestem Wissen erstellt und mit größtmöglicher Sorgfalt geprüft. Sie bieten jedoch keinen Ersatz für persönlichen kompetenten medizinischen Rat. Jede Leserin, jeder Leser ist für das eigene Tun und Lassen auch weiterhin selbst verantwortlich. Weder Autor noch Verlag können für eventuelle Nachteile oder Schäden, die aus den im Buch gegebenen praktischen Hinweisen resultieren, eine Haftung übernehmen.

Umwelthinweis

Dieses Buch wurde auf PEFC-zertifiziertem Papier aus nachhaltiger Waldwirtschaft gedruckt.

Liebe Leserin, lieber Leser,

haben wir Ihre Erwartungen erfüllt? Sind Sie mit diesem Buch zufrieden? Haben Sie weitere Fragen zu diesem Thema? Wir freuen uns auf Ihre Rückmeldung, auf Lob, Kritik und Anregungen, damit wir für Sie immer besser werden können.

GRÄFE UND UNZER Verlag
Leserservice
Postfach 86 03 13
81630 München
E-Mail:
leserservice@graefe-und-unzer.de

Telefon: 00800 / 72 37 33 33*
Telefax: 00800 / 50 12 05 44*
Mo–Do: 8.00–18.00 Uhr
Fr: 8.00–16.00 Uhr
(* gebührenfrei in D, A, CH)

Ihr GRÄFE UND UNZER Verlag
Der erste Ratgeberverlag – seit 1722.

www.facebook.com/gu.verlag

So viel mehr lecker.

SIMPLE DETOX
Das 7-Tage-Entschlackungsprogramm

ISBN 978-3-8338-3663-6

ERICA PALMCRANTZ AZIZ

ONE WEEK DETOX

DER LEICHTE EINSTIEG IN EIN GESUNDES LEBEN

VITAL UND GLÜCKLICH MIT ROHKOST UND SMOOTHIES

GU

ISBN 978-3-8338-3658-9

TANJA BUSY

SMOOTHIES
Obst-Power im Glas

GU

ISBN 978-3-8338-3771-5

Grüne Smoothies
DIE BESTEN 50 REZEPTE

GU

Laden im App Store

DR. MED. EVA-MARIA KRASKE

SÄURE-BASEN-BALANCE
Schlüssel zu mehr Wohlbefinden

GU

ISBN 978-3-8338-3412-9

CHANTAL-FLEUR SANDJON

ROH VOLUTION
DAS KAROTTENKNACKIGE EINSTEIGERPROGRAMM IN DIE ROHKOST

GU

ISBN 978-3-8338-2831-7

e Alle hier vorgestellten Bücher sind auch als eBook erhältlich.

Mehr von GU auf **www.gu.de** und
f **facebook.com/gu.verlag**

GU

Willkommen im Leben.